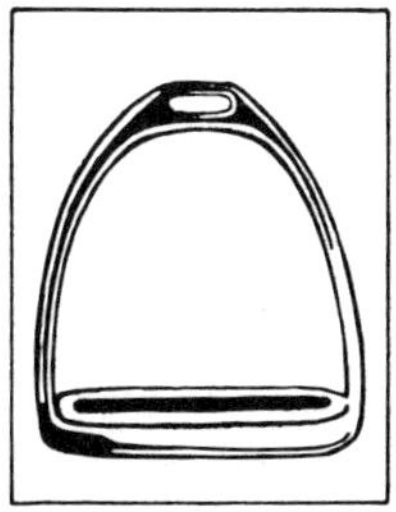

Gerhard Gramann
Hans-Heinrich Stien

Das Holsteiner Sportpferd

Entwicklung – Zucht – Leistung

Franckh'sche Verlagshandlung
Stuttgart

39 Fotos von H. Czerny (1), W. Ernst (9), K. Huck (3), W. Menzendorf (9) und aus dem Archiv des Holsteiner Zuchtverbandes (17)
2 Zeichnungen von C.-H. Dömken (1) und Holsteiner Zuchtverband (1)

Umschlag von Siegfried Fischer unter Verwendung einer Aufnahme von Werner Ernst

CIP-Kurztitelaufnahme der Deutschen Bibliothek

Gramann, Gerhard:
Das Holsteiner Sportpferd: Entwicklung, Zucht,
Leistung / Gerhard Gramann; Hans-Heinrich Stien.
– Stuttgart: Franckh, 1980.
(Franckhs Reiterbibliothek)
ISBN 3-440-04836-5
NE: Stien, Hans-Heinrich:

Franckh'sche Verlagshandlung, W. Keller & Co., Stuttgart/1980

Printed in Germany / Imprimé en Allemagne / L 9sp Hrr / ISBN 3-440-04836-5
Gesamtherstellung: Brönner & Daentler KG, Eichstätt

Das Holsteiner Sportpferd

Vorwort

»Holsteiner kennen keine Grenzen«, so lautet ein Slogan des Verbandes der Züchter des Holsteiner Pferdes mit Reit- und Fahrschule Elmshorn e.V., und was mit diesen Grenzen gemeint sein soll, wird einerseits durch die seit Jahrzehnten beständigen Erfolge Holsteiner Pferde in allen Disziplinen des Hochleistungssports begründet, andererseits durch die seit Jahrhunderten bekannte Nachfrage nach Holsteiner Pferden in vielen Ländern der Alten und der Neuen Welt.
So ist auch ein zweiter Slogan: »Holsteiner in aller Welt« nicht übertrieben, da über die Reit- und Fahrschule Elmshorn tatsächlich seit 1950 in 28 über die ganze Welt verstreute Länder Holsteiner Pferde geliefert wurden.
Der Ruf der Pferde aus dem Züchterland zwischen den Meeren war früher und ist heute so gut, daß die Holsteiner Zucht mit Stolz ihre Geschichte und ihren gegenwärtigen Stand vorweisen kann.
In der vielgestaltigen hippologischen Literatur ist sehr viel über das Holsteiner Pferd geschrieben worden, jedoch meist nur im Rahmen allgemeiner Rassenbeschreibungen. Daher ist es begrüßenswert, wenn in einer Monographien-Reihe die Pferderassen einzeln beschrieben werden und damit die Möglichkeit geschaffen wird, diese Rassen etwas genauer unter die Lupe zu nehmen. Es kann nicht Zweck dieses Buches sein, einen wissenschaftlich trockenen Bericht über das Holsteiner Pferd zu geben, es ist vielmehr beabsichtigt, allen Freunden dieses Pferdes seine Vergangenheit, Gegenwart und Zukunft darzustellen und dieser so bedeutungsvollen Pferdezucht neue Freunde zu gewinnen.

Schleswig-Holstein, das Pferdeland zwischen den Meeren

Die Aufteilung von Landschaften oder Regionen ist aus der geschichtlichen Literatur vielfach bekannt. Alle, die sich in der Schule mit Latein befaßt haben, kennen die berühmten Dreiteilungen Galliens von Cäsar und Germaniens von Tacitus.
Die gleiche Dreiteilung gilt auch für das Land zwischen Nord- und Ostsee, das heutige Bundesland Schleswig-Holstein. Von West nach Ost gesehen, finden wir in der Küstenregion der Nordsee und in den Gebieten an den Flüssen ausgedehnte Grünlandflächen, die Fluß- und Seemarschen genannt. Im mittleren Teil, vielfach zu den Flüssen hin mit einem Steilufer abgegrenzt, erstreckt sich von Nord bis Süd der Mittelrücken, eine überwiegend ackerbaulich orientierte Landschaft mit leichterem Boden, die landläufig Geest genannt wird. Im Osten dann schließt sich eine sehr liebliche Hügel- und Seenlandschaft an, das östliche Hügelland mit großen landwirtschaftlichen Betrieben, die auf den guten Böden überwiegend Weizen, Gerste und Raps anbauen.
Wie überall in den Küstenregionen Nordeuropas entwickelte sich in den Grünlandgebieten eine florierende Pferdezucht mit Pferden, die hauptsächlich für die landwirtschaftliche Arbeit, aber auch für andere Zwecke einsetzbar waren. Vor allem in den Flußmarschen der Elbe, Weser und Ems wurden Pferde gezüchtet, die schon früh einen guten Ruf genossen, und im Zusammenspiel von bäuerlichem Züchterfleiß und staatlicher Unterstützung entwickelten sich diese Gegenden zu Hochzuchtgebieten, die weit über ihre Grenzen hinaus bekannt wurden.
Im Lande Schleswig-Holstein bildeten sich schon sehr früh Schwerpunkte der Pferdezucht heraus. Im Großraum Elmshorn, dem Gebiet zwischen Hamburg und Itzehoe, lag die Keimzelle der Zucht des Holsteiner Pferdes, während in den Seemarschen Nordfrieslands das Schleswiger Pferd gezüchtet wurde. Gründe für diese unterschiedlichen Pferdezuchten lassen sich vor allem aus dem Verwendungszweck ableiten. Die Seemarschen im nördlichen Schleswig-Holstein sind durch die Nutzung des Grünlands geprägt. In der jahrhundertealten Arbeitsteilung zwischen Marsch und Geest mit den östlichen Ackerbaugebieten entstanden auch bei der Rinder- und Pferdehaltung Wechselbeziehungen. So wurden bei der Rinderhaltung von den Melkbetrieben der Geest die Bullenkälber, soweit sie nicht als Zuchtbullen aufgezogen wurden, im Alter von etwa einem Jahr an die Gräserbetriebe in der Marsch als Ochsen verkauft. Sie ver-

Abb. 1

brachten den Sommer und den Herbst auf den guten Weiden, wurden erneut in Geestbetrieben überwintert und kamen dann zur abschließenden Weidemast auf die kräftigeren Grünlandflächen der Küste. Im Herbst erfolgte dann der Weideabtrieb und der Verkauf auf den großen Viehmärkten Husum, Tönning und Wedel bei Hamburg.
Eine ähnliche Arbeitsteilung gab es in der Pferdezucht. Die Geestbetriebe sorgten für die Produktion der Fohlen, während die Marschbetriebe sich überwiegend als Aufzüchter betätigten und die fertigen Remonten dann auf den Pferdemärkten in

Schleswig, Rendsburg oder Lübeck an die Ackerbaubetriebe vor allem im östlichen Hügelland verkauften.

Ganz anders war die Situation in den Flußmarschen, besonders an der Niederelbe. Hier finden wir Bodenverhältnisse, die ein ganz anderes Pferd verlangten. Die sogenannten Minutenböden erforderten Pferde mit Schnelligkeit, Ausdauer und Härte, da in den Bestellungszeiten im Frühjahr und Herbst eines jeden Jahres mit größter Geschwindigkeit gepflügt, geeggt und gesät werden mußte. Eine zu frühe Bodenbearbeitung ist bei dem sehr feuchten Klima nicht möglich, weil die schweren, kalkhaltigen Böden bei Nässe für die Aussaat nicht vorbereitet werden können; bei trockenem Wetter wiederum werden sie so hart, daß keine normalen Ackergeräte eingesetzt werden können. Für den Bauern kam es also darauf an, den richtigen Zeitpunkt zu erfassen und möglichst schnell die Ackerarbeiten durchzuführen.

Für diese Bodenverhältnisse gab es nur eine Alternative: Schnelle, ausdauernde Pferde, wobei das fehlende Gewicht der schweren Kaltblüter durch ein oder zwei zusätzliche Warmblutpferde ausgeglichen wurde. Ein alter Züchter aus der Seestermüher Marsch bei Elmshorn erzählt gern die Geschichte, wie in den Jahren um 1950

Abb. 2. Stutenherde in der Schleswig-Holsteiner Geestlandschaft.

ein junger Bauer von der Insel Nordstrand auf einen Hof in der Nachbarschaft einheiratete und vier Schleswiger Kaltblutpferde mitbrachte. Voll Stolz spannte er bei der Frühjahrsbestellung seine beiden braven, schweren Gespanne vor zwei Pflüge und begann zu ackern. Mit Skepsis und gewisser Schadenfreude wurde er von den Nachbarn beobachtet, denn auf dem Nachbarfeld pflügte ein einheimischer Bauer mit vier Holsteinern. Regiert wurde das Gespann vom Junior des Hofes, der vom Sattel aus die Leinen führte. Eile war geboten, da eine trockene Schönwetterperiode einsetzte. Schon bald war festzustellen, daß die flinken Holsteiner die gemächlichen Schleswiger überholten und mit ihrem Acker fertig waren, während die beiden Schleswiger Gespanne sich auf dem immer härter werdenden Boden noch abmühten. Der junge Bauer aus Nordstrand mußte einsehen, daß es sinnvoller war, sich umzustellen und die schweren Schleswiger gegen schnellere Holsteiner auszutauschen.
Doch nicht nur der Bedarf in der Landwirtschaft, sondern darüber hinaus die Nachfrage nach warmblütigen Pferden für die verschiedenen Zwecke vor dem Wagen oder unter dem Reiter prägte die Zucht des Holsteiner Pferdes. Züchten nach Verbraucherwünschen wurde bald zum Grundsatz, der sich bis in die heutige Zeit bewährt hat.
Ein weiterer Motor für die Pferdezucht bildete in vergangener Zeit das Militär in der preußischen Ära in Schleswig-Holstein von 1866 – 1945. Die Einrichtung des Landgestüts Traventhal gab der Pferdezucht sehr wesentliche Impulse, die bis heute spürbar sind.
Auf diese Weise hat das Pferdeland zwischen den Meeren bis in die Gegenwart einen eigenen Charakter behalten, wenn auch im Zuge der Technisierung der Landwirtschaft ein starker Wandel eingetreten ist. Der Trecker ist heute die Zugkraft, und das Pferd wird in den überwiegend bäuerlichen Zuchtbetrieben als kleiner, aber nicht unbedeutender Betriebszweig gehalten. Die gesamte grüne Region an der Westküste, von der dänischen Grenze bis nach Hamburg, bildet heute den Schwerpunkt der Holsteiner Warmblutzucht. Der Schleswiger Kaltblüter als Wirtschaftspferd ist bis auf wenige Reste verschwunden, dagegen ist nach dem Krieg vor allem in Ostholstein auf den Großbetrieben das Trakehner Pferd heimisch geworden. Die Zucht der verschiedenen Ponyrassen, überwiegend auf englischer Grundlage, wird im ganzen Land, jedoch meistens im Umland der größeren Städte, betrieben. Dazu kommen Einzelzüchter mit Oldenburgern und Arabern sowie Spezialzüchter mit Trabern in der Nähe von Hamburg und Neumünster.
Dominierend im Land ist eindeutig der Holsteiner, der in seiner modernen Form als elegantes, vielseitig verwendbares Reitpferd im Sport und im Freizeitreiten eingesetzt wird. Unvergeßlich bleiben die Bilder, wenn im Frühjahr auf den saftigen grünen Weiden an der Westküste sich Stuten mit ihren munteren Fohlen tummeln, umspielt

von einer frischen Meeresbrise und begleitet vom »kiwitt« der Kiebitze und dem heiseren Schrei der Möwen. In solchen Momenten läßt sich verstehen, daß die Menschen, die hier leben, Freude an der Kreatur haben und dabei dem schönsten und edelsten Geschöpf unter unseren Haustieren, dem Pferd, ihre besondere Zuneigung gewidmet haben.

Kurzer Ausflug in die Geschichte des Landes

Die Schleswig-Holsteiner sagen von sich selbst, daß es bis heute nur zwei Personen gibt, die die Geschichte ihres Landes kennen. Einmal handelt es sich um einen passionierten Lehrer, zum anderen um einen Bauern, der sehr früh seinen Hof dem Sohn übergab, um sich historischen Studien widmen zu können.

Das wohl wichtigste historische Ereignis war der Schwur zu Ripen am 5. März 1460, der bis auf einige Schönheitsfehler bis heute seine Gültigkeit hat. Er lautet in Kurzform: »Dat se bliven ewich tosamende ungedeelt.« Dieser Wille zur Einheit hat die Schleswig-Holsteiner durch die Geschichte begleitet. Doch die Geschichte des Landes ist nicht nur vom Menschen, sondern sehr oft von seiner Umwelt und den Naturgewalten geprägt worden. Steinzeitliche Jäger und Sammler waren die ersten Besiedler des Nordens. Ihnen folgten die schon seßhaften Baukünstler der Großsteingräberzeit. Doch dann wanderten die bronzezeitlichen Streitaxtleute in Nordeuropa ein und brachten das gezähmte Pferd mit.

Im Zuge einer gewaltigen Völkerwanderung fielen die Indogermanen vom Osten her in Europa ein, wobei Thüringen für längere Zeit ihr Hauptstützpunkt blieb. Es war dies ein Europa, das von Bauern besiedelt und von Bauern beherrscht wurde, einen hohen Lebensstandard aufwies, dessen kulturelle Entwicklung aber längst zum Stillstand gekommen war. Die Indogermanen dagegen waren vital, kampflustig und streitbar. Sie führten große Herden mit sich, ihr kostbarstes Gut, das es in ihrer Heimat, den Steppen Südrußlands, ständig zu verteidigen galt, wodurch sie sich in einem permanenten Kriegszustand befanden. Der Widerstand, den man ihnen auf ihrem Weg entgegenbrachte, war bald überwunden. Außer ihrer Kriegstüchtigkeit besaßen sie auch die besseren Waffen: Pfeil und Bogen, die geschäftete Streitaxt, das Pferd als Zugtier vor dem Streitwagen und als Reittier. Vor allem das Pferd war es, das ihnen das entscheidende Übergewicht verschaffte. Mit seiner Hilfe waren sie beweglich, schnell und stoßkräftig. Auch die moralische Wirkung dieser ersten Kavallerie darf nicht unterschätzt werden. In Europa kannte man dieses Tier nur als jagdbares Wild; es zu zähmen war noch niemandem eingefallen. Zusammen mit seinem Reiter mag es so furchterregend gewirkt haben wie später die berittenen spanischen Conquistadores auf die Inkas und Azteken.

Überbevölkerung, Klimaverschlechterung und die an den Küsten so verheerenden Sturmfluten leiteten eine neue Zeit ein, die wir heute als Völkerwanderung bezeichnen. Der Zug der Kimbern und Teutonen, die wahrscheinlich aus dem Großraum um Schleswig stammten, die Sueben, deren Reiterattacken Cäsar fürchten lernte und deren Stammsitz in der heutigen Landschaft Angeln lag, waren die ersten, die sich auf den Weg nach Süden machten. In den nachfolgenden Jahrhunderten waren es die Angeln und Sachsen, die nach England – dem Angelsachsen – auswanderten und dort ein neues Reich gründeten. Später waren es dann die Wikinger, die das Land beherrschten und mit der Handelsmetropole Haithabu bei Schleswig den ersten großen Warenumschlagplatz für Nordeuropa schufen.

In das ost- und mittelholsteinische Gebiet wanderten wendisch slawische Siedler ein, die als Wagrier in die Geschichte eingingen, und die sehr viel zur bäuerlichen Struktur des Landes beigetragen haben. Noch heute erinnern Ortsnamen, Baustil der Bauernhöfe und die dörfliche Struktur mit dem großen, von Bäumen umsäumten Dorfplatz an diese wagrischen Bauern. Doch nach vielen blutigen Eroberungszügen Heinrichs des Löwen mit den Schauenburger Grafen wurde das östliche Hügelland mit Siedlern aus Niedersachsen und Westfalen besetzt, die schnell heimisch wurden und die bäuerliche Kultur fortsetzten.

In diese Zeit fällt auch die Gründung der Stadt Lübeck, die als »Königin der Hanse« sehr wesentlich die Geschichte des Landes durch eine umfassende Handelspolitik mitbestimmte. In den folgenden Jahrhunderten wurden die Herzogtümer Schleswig und Holstein eng mit Dänemark verbunden, da der dänische König in Personalunion auch Herzog von Schleswig-Holstein war. Erst der in der Mitte des vorigen Jahrhunderts aufflammende Nationalismus führte dann schließlich nach dem Kriege von 1866 und 1868 zur Umwandlung der Herzogtümer in eine preußische Provinz. Der Schwur von Ribe wurde gehalten, wenn auch nach dem verlorenen Ersten Weltkrieg 1918 nach einer Volksabstimmung eine große Fläche des nördlichen Landesteiles an Dänemark verlorenging. Die Landkreise Hadersleben, Sonderburg, Apenrade und Tondern-Nord entschieden sich für Dänemark, der Rest des Herzogtums Schleswig mit den Kreisen Flensburg, Schleswig, Eiderstedt, Husum und Tondern-Süd blieb bei Deutschland. So wurde zum erstenmal der Schwur zur Unteilbarkeit des Landes gebrochen. Nach 1945 gab es Versuche, auch die restlichen Kreise des Landesteils Schleswig an Dänemark zu binden. Doch die freien Wahlen der ersten Nachkriegszeit

verhinderten diese Bestrebungen, allerdings mit der Konzession, daß bis heute ein Vertreter des südschleswigschen Wählerverbandes (SSW) Mitglied des schleswig-holsteinischen Landtages ist.
Die Zeit nach 1945 brachte für das Land zunächst große Schwierigkeiten. Es wurde Sammelbecken für unzählige Flüchtlinge aus dem Osten und den Resten der deutschen Wehrmacht, und die Bevölkerung des Landes mußte große Opfer bringen, um die vielen Menschen zu beherbergen und zu beköstigen. Doch nach der langsamen Normalisierung der Verhältnisse, dem Neuaufbau der zerstörten Städte und der vernichteten Industrie gab es schon bald ein neues Aufblühen in allen Zweigen der Wirtschaft. Heute zählt Schleswig-Holstein mit einer rentablen, überwiegend großbäuerlichen Struktur in der Agrarwirtschaft zu den führenden Ländern der Bundesrepublik. Auch Handel, Gewerbe und Industrie, an ihrer Spitze die großen Werften, trugen wesentlich zu der positiven wirtschaftlichen Entwicklung bei.
So wie in früheren Jahrhunderten wird auch heute noch die Geschichte und die Wirtschaft des Landes von den Naturgewalten geprägt. Zwar gehören die verheerenden Sturmfluten vergangener Zeiten, die ganze Landschaften vernichteten und die nordfriesische Hallig- und Inselwelt schufen, der Vergangenheit an, da der Mensch im Laufe der Zeit immer bessere Schutzmaßnahmen gegen die Nordsee ergreifen konnte. Doch auch in der Gegenwart bleibt die Westküste von Flutkatastrophen nicht verschont, und es gehört zu den vordringlichen Aufgaben des Landes, die Küste an den Meeren und Flüssen zu schützen. Die Neulandgewinnung an der Nordseeküste hat heute nur noch sekundäre Bedeutung, die ständige Überwachung der Deiche dagegen mit ihren vielen baulichen Maßnahmen ist nach wie vor von größter Bedeutung. Dazu kommen in immer stärkerem Umfang Maßnahmen des Natur- und Umweltschutzes zur Erhaltung dieser urtümlichen Landschaft.

Land und Leute

Es gibt in Deutschland wohl kaum einen Landstrich, in dem auf so eng begrenztem Raum so unterschiedliche Menschen leben. Oberflächlich von außen betrachtet wird den Schleswig-Holsteinern viel Gemeinsames nachgesagt, getreu dem Wahlspruch »up ewich ungedeelt«. Diese äußerliche Gemeinsamkeit der überwiegend ländlich-bäuerlichen Bevölkerung zeigt sich vor allem in einem im guten Sinn konservativen Geist, der an Traditionen festhält, solange sie es wert sind, doch dem Neuen gegenüber

stets aufgeschlossen und wach ist, um sich wertvolle Erkenntnisse zunutze zu machen. Bei näherer Betrachtung lassen sich jedoch große Unterschiede in der menschlichen Eigenart der einzelnen Bevölkerungsgruppen feststellen. Im äußersten Südosten des Landes, an der DDR-Grenze, liegt das Herzogtum Lauenburg mit den Städten Ratzeburg und Mölln. Seine lange, enge Verbindung zu Mecklenburg ist bereits in der Landschaft erkennbar, und die Menschen sprechen eine Sprache, die dem mecklenburgischen Platt des Fritz Reuter sehr ähnlich klingt. Bezeichnend für die gemütlich und behäbig wirkenden Lauenburger ist, daß sie dem Schalksnarr Till Eulenspiegel in ihrer Stadt Mölln seinen Alterssitz boten. Das Herzogtum Lauenburg wird durchzogen von uralten Handelswegen, deren berühmtester die von Lübeck über Ratzeburg, Mölln, Büchen und Lauenburg nach Lüneburg führende »Alte Salzstraße« ist. Parallel zu ihr läuft der traditionsreiche Elbe-Lübeck-Kanal, der bereits zur Zeit der Hanse ein bedeutender Verkehrsweg war. Die Ost-West-Verbindung von Berlin nach Hamburg führt ebenfalls durch das Kreisgebiet und zwar von Lauenburg über Schwarzenbek nach Bergedorf. So haben auch diese alten Händlerstraßen die Menschen hier geprägt.
Weiter im Norden schließt sich der Kreis Stormarn mit seinen Eckpfeilern, den großen Hansestädten Hamburg und Lübeck, an. Auch er wird durchzogen von alten Handelsstraßen. Stormarn ist außerdem ein landwirtschaftlich hochentwickeltes Gebiet mit vielen Großbetrieben und einer sehr selbstbewußten bäuerlichen Bevölkerung. Die liebliche Landschaft mit Seen und Wäldern macht den Kreis zudem heute zu einem wichtigen Naherholungsgebiet für die Bewohner der benachbarten großen Städte.
Die Ausstrahlung der Stadt Lübeck mit ihrer alten Kultur auf die südlichen und westlichen Gebiete im Lauenburgischen und in Stormarn gilt genauso für den gesamten ostholsteinischen Raum. Plön, Eutin und Malente, die Hauptorte der holsteinischen Schweiz, liegen inmitten einer der schönsten Landschaften Deutschlands. Von Wäldern umsäumte Seen und sanfte Hügel bis hin zur höchsten Erhebung Schleswig-Holsteins, dem 168 m über dem Meeresspiegel liegenden Bungsberg, bilden ein Gebiet von einmaligem Reiz. So ist es kein Wunder, daß hier viele Menschen aus den großen Städten Erholung suchen und finden.
Die Halbinsel Wagrien mit ihrer Hauptstadt Oldenburg in Holstein ist ein fruchtbares Ackerland. Große Betriebe mit vorwiegend Getreidebau sind hier zu finden. Viehzucht wird nur in geringem Umfang betrieben. In diesem landschaftlich schönen und landwirtschaftlich erfolgreichen Raum von Plön bis Fehmarnsund, im Norden und Osten durch die Ostsee begrenzt, entstanden die großen Güter, die zum Sitz der ostholsteinischen Adelsgeschlechter wurden. Namen wie Rantzau, Reventlow, Ahlefeldt, Brockdorff und Holck sind mit der Geschichte Schleswig-Holsteins und Dänemarks eng verknüpft.

Der Halbinsel Wagrien vorgelagert liegt die Insel Fehmarn mit ihrer eigenartigen großbäuerlichen Kultur. Noch vor wenigen Jahren, vor dem Bau der Fehmarnsundbrücke, fuhren die Einwohner der Insel – im Volksmund »Knust« genannt – nach »Europa«, wenn sie mit der Fähre zum Festland übersetzten. Freies Bauerntum mit starker Bindung zu seiner Inselheimat sind für den Fehmarner charakteristisch. Wir finden hier behäbige Bauernhöfe mit großen Scheunen und einen Menschenschlag, der in seiner Art viele Gemeinsamkeiten mit den im Westen wohnenden Dithmarschern aufweist.
Vor den Toren der Landeshauptstadt Kiel erstreckt sich nach Osten hin die Probstei. Hier in diesem sehr fruchtbaren Ackerbaugebiet entwickelte sich eine traditionsbewußte ländliche Kultur, die ihr Zentrum in der alten Klosterstadt Preetz hatte. Westlich der Stadt schließt sich der Raum Bordesholm – Westensee an mit den berühmten Gütern Emkendorf, Deutsch-Nienhof und Schierensee, die Ende des 18. Jahrhunderts zum Weimar des Nordens wurden. Der Westensee mit dem großen Markt in Wrohe war lange Zeit ein bedeutender Warenumschlagplatz. Sein Anschluß zur Eider, die Nähe Kiels und die leicht erreichbare Lage für die Händler aus dem Osten zeichneten ihn dafür aus.
Nördlich erstreckt sich der dänische Wohld und die Landschaft Schwansen, ein von großen Gütern beherrschtes Ackerbaugebiet, das sich rund um die Eckernförder Bucht hinzieht und im Norden durch den Ostseearm der Schlei abgegrenzt wird. Zwischen der Schlei, mit den Städten Schleswig im Westen und Kappeln im Osten, und der Flensburger Förde im Norden liegt die Landschaft Angeln. Hier hat sich eine hochstehende, spezialisierte, mittel- bis großbäuerliche Kultur entwickelt. Angeln, die Heimat vieler bedeutender germanischer Stämme, hat schon früh auf die Geschichte des Landes eingewirkt. So wird berichtet, daß die Sueben, die späteren Alemannen, ihren Stammsitz hier gehabt haben. Tatsächlich lassen sich beim Vergleich der Schwaben und der Angeliter viele gemeinsame Charakterzüge feststellen, so zum Beispiel Sparsamkeit, Fleiß, Individualismus und das Abkapseln Fremden gegenüber.
Mit gewisser Überheblichkeit blicken die Angeliter auf ihre westlichen Nachbarn im sogenannten »Lusangeln« herab. Hier auf dem Mittelrücken des Landes hatten es die Menschen immer schwer. Leichter, sandiger Boden wechselt dort mit ausgedehnten feuchten, moorigen Niederungen ab, die oftmals im Winter überschwemmt wurden.
Den Westteil Schleswig-Holsteins bilden die Marschen, zunächst die bei Hamburg-Altona beginnende Haseldorfer und Seestermüher Marsch mit der alten Klosterstadt Uetersen, dem ersten Zentrum der Holsteiner Pferdezucht. Nordwestlich dann die Kollmarer und Kremper Marsch, ein Gebiet mit einer stets selbstbewußten und freiheitlich gesinnten bäuerlichen Bevölkerung. Die zum Norden hin anschließende

Wilstermarsch mit ihrer typischen Einzelhoflage wird durch den Nord-Ostsee-Kanal begrenzt und begleitet im Westen die Elbe bis zur Mündung in die Nordsee. Dieser Raum zwischen Altona und Brunsbüttel ist die eigentliche Wiege der Holsteiner Zucht, die zunächst durch die Klöster in Uetersen und Itzehoe und später durch die Landesherren und Adeligen stark gefördert wurde.
Zwischen dem Nord-Ostsee-Kanal und der Eider, im Westen von der Nordsee und im Osten durch einen Geestrücken abgegrenzt, liegt Dithmarschen. Über dem Friedhof in Lunden, wo die berühmten Dithmarscher Bauerngeschlechter beerdigt wurden und werden, steht der Spruch:

Ditmarsen, dat schölen Buren sin?
Et mögen wol wesen Herren.

Diese stolzen Geschlechter standen wie ein Block den anderen Landschaften Schleswig-Holsteins gegenüber. Bereits 1447 wurde hier ein Landrecht aufgezeichnet und damit eine freie Bauernrepublik gegründet. Doch die dänische Herrschaft konnte nicht dulden, daß in ihren Landen nicht alle nach ihrer Pfeife tanzten. Die Verbindung zu den Hansestädten bot schließlich ein Argument, um den Dithmarschern ein Ultimatum zu stellen, das jedoch von den Bauern abgelehnt wurde. Daraufhin rückte ein riesiger Heerhaufen von 14 000 Mann, darunter die berüchtigte »schwarze Garde« des Junkers Slentz, heran, um die zwischen Meldorf und Heide bei dem Ort Hemmingstedt verschanzten Bauern zu schlagen. Am 17. Februar 1500 näherte sich das Heer der Ritter und Landesknechte der »Dusenddüwelswarf« mit der Garde vorweg, die in den Ruf ausbrach: »Wehr dich Bauer, die Garde kommt.« Doch auf dieses Geschrei ließen die Bauern die Kanonen antworten und riefen auf gut dithmarscher Platt im Kanonendonner zurück: »Wahr di Gaar! De Bur de kümmt.« Gleichzeitig öffneten die Deichwachen die Deiche, und der Westwind trieb die Wassermassen in die Marsch. Das Heer der Ritter und Landsknechte mit ihrer schwarzen Garde versank in den Fluten, und wer nicht ertrank, wurde von den Bauern erschlagen, die mit Hilfe von Stangen wendig über die Gräben sprangen und schnell auftauchten, um die im Schlamm steckengebliebenen Ritter niederzumachen. Es war für den König von Dänemark und für den schleswig-holsteinischen Adel eine vernichtende Niederlage mit vielen politischen Folgen. Die Dithmarscher Bauern aber haben diesen Sieg nicht vergessen. Noch heute wird die Erinnerung daran gepflegt, daß es möglich war, durch Einigkeit stark zu sein.
Der Nordwesten des Landes, heute Kreis Nordfriesland genannt, ist den Gefahren des Meeres besonders stark ausgesetzt. Die furchtbaren Sturmfluten von 1362 oder 1634,

von den Einheimischen mit Recht als »Manndränke« bezeichnet, haben die gesamte Küste in diesem Raum verändert. So war die Insel Sylt um 1240 noch zwei- bis dreimal so groß wie heute. Nach Schätzungen und alten Aufzeichnungen sollen 1362 rund 200 000 Menschen ertrunken sein. Doch die Friesen, ein zäher Volksstamm, der an der Nordseeküste von Holland bis Dänemark zu Hause ist, ließen sich durch diese Naturkatastrophen nicht entmutigen, sondern griffen zur Selbsthilfe und errichteten die Seedeiche zum Schutz des Hinterlandes und zur Neulandgewinnung. Ähnlich wie die Dithmarscher haben die Friesen immer wieder um ihre Freiheit kämpfen müssen. Auch hier waren es die Könige und die Ritterschaft, die versuchten, die Bauern zu unterjochen. Aber getreu ihrem Wahlspruch: »Lever duad üs Slav!« wehrten die Friesen mit Erfolg diese Einflußnahme ab und behaupteten sich als freie Bauern.
So ist Schleswig-Holstein durch die Gewalten der Natur, durch seine wechselvolle Geschichte und durch die unterschiedlichen Landschaften geprägt worden, doch ausschlaggebend für die Gestaltung des Landes waren stets der Fleiß und die Ausdauer seiner bäuerlichen Bevölkerung.

Die schleswig-holsteinische Pferdezucht im Wandel der Zeiten

Wie bereits erwähnt, ist die Pferdezucht und -haltung im Zuge der indogermanischen Völkerwanderung auch in Norddeutschland heimisch geworden. Die Pferde der Germanen, die diese Krieger zur Völkerwanderungszeit von Sieg zu Sieg trugen, finden wir heute in ihrer ursprünglichen Form nur noch in Island. Die Verbundenheit der germanischen Stämme mit dem Pferd ist jedoch in Sagen und Märchen überliefert worden. So gibt es durch den Zug der Angeln und Sachsen nach Britannien einen weiteren Hinweis auf die Beziehungen der Schleswig-Holsteiner zum Pferd, denn die Führer dieser Eroberungsstreitmacht hießen »Hengist« und »Horsa«.
Im frühen Mittelalter lag die Pferdezucht vor allem in den Händen der katholischen Geistlichkeit. So trat in der Zucht von Holsteiner Pferden das in der Haseldorfer Marsch gelegene Zisterzienserinnen-Kloster Uetersen hervor, das im Jahre 1235 vom Ritter Heinrich vom Barmstedt gestiftet wurde. Der erste urkundliche Hinweis darauf in den Kloster-Annalen stammt aus dem Jahre 1285, wonach dem Kloster das Recht verliehen wird, in der ganzen ihm zugehörigen »Wüstenei« Pferde zu weiden. Besonders interessant ist ein Dokument von 1328 mit einer echten Wertfeststellung von jungen Pferden:

»Wir Johannes, Propst in Uetersen, bezeugen hierdurch, daß wir mit einmütiger Genehmigung der Priörin Elisabeth und des ganzen Konvents zu Uetersen dem Propsten zu Neumünster zwei junge Pferde, das eine von drei, das andere von vier Jahren geschenkt zu haben, welche von den Stuten herstammen, die die erwähnten Damen uns (dem Propsten) frei überlassen haben, wie solches in dem uns von ihnen hierüber gegebenen Privilegium ausführlich bestimmt ist. Die gedachten jungen Pferde sollen Propst und Konvent zu Neumünster (für 100 Mark lübscher Schillinge) verkaufen; sollten sie aber weniger als 100 Mark gelten, so werden wir dafür Sorge tragen, daß das, was an den 100 Mark fehlt, ihnen vermittelst unserer Stuten oder deren Füllen ersetzt werde.«

In welchem Verhältnis der Wert dieser Pferde anzusetzen war, darüber gibt das Staatsbürgerliche Magazin von 1823 Auskunft:

»Daß diese Pferde nicht von dem gewöhnlichen oder einheimischen Pferdeschlag gewesen, erhellt ohne Zweifel aus ihrem Preise. Im Jahre 1310 wurden zehn Hufen in Bissee nebst einem Teile in der Mühle für 600 Mark, 1339 ward eine der besten Hufen in Blumenthal für 36 Mark und 1340 das ganze Dorf Lütjen Hagen mit aller Gerichtbarkeit für 200 Mark lübscher Schillinge verkauft. Graf Johann verpfändete 1322 für 650 Mark das ganze Dorf Dudendorf. Folglich ist eine Hufe nicht so viel Wert gewesen als eines jeder Pferde.«

Die Pferdezucht war demnach schon damals ein sehr ernst zu nehmender Betriebszweig, so daß sich auch schon sehr früh die Landesherren damit befaßten und dafür sorgten, daß die Produktion von Pferden im Land forciert wurde. So wird etwa aus der gleichen Zeit von einem Landstallmeister in Holstein mit Namen Wittorf berichtet, der unter dem König Christian I. in Bramstedt einen Marstall mit Weideland im Raum Bramstedt und Kaltenkirchen unter seiner Aufsicht hatte. Der konsequenten Arbeit der Klöster und des königlichen Marstalls ist es zu verdanken, daß die Qualität der Holsteiner Pferde weltberühmt wurde. Die Produktion für den Eigenbedarf war bald überschritten, und die Ausfuhr von edlen Reit- und Wagenpferden wurde zu einem Wirtschaftsfaktor des Landes. Zunächst waren es wohl Schenkungen der Fürsten untereinander, die dazu beitrugen, daß die Pferdezucht aus Holstein auch in anderen Ländern bekannt wurde. So soll König Philipp II. von Spanien im 16. Jahrhundert ausschließlich Hengste aus Holstein für sein Hofgestüt erworben haben.

Die dänischen Könige förderten im 17. und 18. Jahrhundert in vielen Verordnungen die Zucht qualitätsvoller Pferde. Durch Erlasse wurden die Hengst- und die Stutenhaltung geregelt. Mit Sicherheit sind auch in dieser Zeit Wechselbeziehungen entstanden, die dazu führten, daß andalusische und neapolitanische Hengste auch in Deutschland eingesetzt wurden.

Unter König Friedrich IV. wurden im Jahre 1719 unter bestimmten Auflagen Prämien für Beschäler in bäuerlicher Hand eingesetzt. So mußten diese Hengste ein Mindeststockmaß von 157,5 cm haben und ihre Fruchtbarkeit durch die Zahl der Fohlen beweisen. Das waren Richtlinien, die modern wirken und auf die Praxis zugeschnitten waren. Durch diese Wechselbeziehung zwischen der lenkenden Hilfe des Staates und dem Züchterfleiß der Bauern gelang es, das Holsteiner Pferd in der damaligen Zeit zu großem Ruhm kommen zu lassen. So lobte im Jahre 1730 der berühmte französische Reitkünstler de la Guérinière die Schönheit, die Bewegungen und die Sprungkraft der Holsteiner Pferde, so daß die schwere Kavallerie der französischen Armee in großem Umfang mit Holsteiner Pferden beritten gemacht wurde. Etwa 2000 Pferde sollen damals pro Jahr nach Frankreich exportiert worden sein.

Einen ähnlich großen Bedarf an Militärpferden hatte die im Anfang des 18. Jahrhunderts unter Friedrich Wilhelm I aufgebaute preußische Armee. Schwarznecker schreibt in seinem erstmals 1878 erschienenen Werk »Pferdezucht«, daß der preußische König »für seine großen Leute auch entsetzlich große Tiere« brauchte und diese großen Pferde in Mecklenburg und Holstein kaufte. Der Hinweis auf die Größe des Holsteiner Pferdes wird auch von Graf Wrangel bestätigt, der in »Das Buch vom Pferde« die stattliche Größe des Holsteiners besonders hervorhebt.

Sehr weitblickend und noch für heutige Begriffe modern ist die »Verordnung wegen Verbesserung der Pferdezucht«, die vom dänischen König Christian VII. für die Herzogtümer Schleswig-Holstein und die Herrschaft Pinneberg, die Stadt Altona, sowie für die Grafschaft Rantzau im Jahre 1782 herausgegeben wurde und damit den gesamten Zuchtbezirk des Holsteiner Pferdes betraf. Diese Verordnung ist so umfassend, daß sie auch heute noch in vielen Passagen voll akzeptiert werden kann.

Zunächst wurde festgelegt, daß Hengste im Alter von zwei Jahren, die zur Zucht benutzt werden sollten, einer Kommission unabhängiger und anerkannter Fachleute vorzustellen waren. Diese Kommission hatte zu prüfen, ob ein Hengst den Anforderungen genügte. Geeignete Vatertiere bekamen ein Brandzeichen am Halse und besonders gute zusätzlich einen Kronenbrand. Hengste, die ungeeignet waren, erhielten den Buchstaben »C« als Abkürzung für »Cassation« eingebrannt, um Mißbrauch und Betrug zu verhüten. Alte Zuchthengste mußten jährlich erneut vorgestellt werden, und es war möglich, auch ältere noch abzukören.

Der Hengsthalter hatte eine Deckliste zu führen und konnte das Deckgeld nach eigenem Ermessen festsetzen. Verstöße gegen die Verordnung wurden mit erheblichen Geldstrafen geahndet. Die von der Finanzverwaltung kassierten Strafgelder wurden zur Förderung der Pferdezucht wieder ausgeschüttet, und zwar an solche Hengsthalter, deren Hengste mindestens 15 Stuten belegt hatten.

Die als »taugliche Beschäler« von der Kommission ausgewählten Hengste mußten über folgende Körpermerkmale verfügen (in Kurzform wiedergegeben):

1. Ein Hengst mußte wohlgestaltet und regelmäßig gebaut sein.
   Hierzu gehörten:
   a) ein kleiner, ramsnasiger Kopf mit leichten Ganaschen,
   b) kleine, gerade stehende Ohren,
   c) große, lebhafte Augen,
   d) ein langer, gebogener Hals,
   e) eine breite Brust,
   f) großer Widerrist und gerader Rücken,
   g) gute, elastische Kruppen-Rücken-Verbindung,
   h) nicht zu tief sitzender Schweif und gute Flankentiefe,
   i) korrekt gestellte Füße mit normalem Huf,
   k) kräftige, korrekt stehende Vorderfüße,
   l) kräftige Hinterfüße mit klarem Sprunggelenk ohne Anzeichen von Spat, Galle oder Hasenhacke. Die Fesselung wurde kräftig und nicht zu lang gewünscht.
2. Der Hengst mußte gesund sein, vor allem frei von Dummkoller oder Engbrüstigkeit, da sich gesundheitliche Mängel vererben.
3. Zu junge Hengste unter drei Jahren und zu alte Hengste über 15 Jahren wurden von der Zucht ausgeschlossen.
4. Die Größe des Hengstes richtete sich nach dem jeweiligen Zuchtbezirk und den dort vorhandenen Stuten, sollte jedoch etwa 5 Fuß 2 Zoll dänisches Maß betragen, etwa 165 cm.

Diese königliche Verordnung, die als Beispiel für viele andere steht, die in jenem Jahrhundert der Aufklärung in allen Ländern Europas erlassen wurden, zeigt, wie wichtig es die Obrigkeit mit der Verbesserung der Pferdezucht nahm.

In den deutschen Ländern war es schon früher zu Gründungen von Gestüten gekommen, die als Hauptgestüte mit eigener Stuten- und Hengsthaltung oder als Landgestüte mit ausschließlichem Hengstbesitz zur Verbesserung der bäuerlichen Pferdezucht eingerichtet wurden.

Diese Gestüte entwickelten rasch eine segensreiche Tätigkeit und führten zu einer deutlichen allgemeinen Verbesserung der Pferdebestände, die oft für militärische Zwecke verwendet wurden. An vielen dieser Gestütsgründungen waren Holsteiner Pferde maßgeblich beteiligt, wie bei dem bereits im 16. Jahrhundert erwähnten Gestüt Dillenburg in Hessen-Nassau, und vor allem beim 1735 mit 12 holsteinischen Hengsten eingerichteten hannoverschen Landgestüt Celle. Der im Namen des englischen Königs Georg II., gleichzeitig Kurfürst von Hannover, beauftragte Fachmann war der

Oberjäger Cecil Brown, der auf drei Reisen nach Holstein die Hengste aussuchte und »Pferde von guter Taille, deren Couleur schwarz oder kastanienbraun ohne viel Abzeichen« waren, erwarb. Die Hengste trugen fast immer die Namen ihres Zuchtortes. So finden wir die Hengstnamen Güllenstein, Blome, Thienen, Reventlow und Alefeldt als typische Bezeichnungen ihrer Herkunft.
Auch die fürstbischöfliche Münstersche Regierung unterstützte ab 1767 die Einfuhr von Holsteiner Hengsten zur Kreuzung mit dem einheimischen »Kleipferd«. Aber 1780 wurden Holsteiner Beschäler auch in Oldenburg eingeführt. So darf mit Fug und Recht gesagt werden, daß die zahlenmäßig kleine Pferdezucht in Holstein durch ihre Qualität die Ausgangsbasis für die spätere Entwicklung im gesamten norddeutschen Raum geschaffen hat.
Wie wertvoll auch die staatlichen Richtlinien zur Förderung der Pferdezucht waren, es mußten das Züchterauge und das Züchterglück hinzukommen, um wirkliche Qualität zu produzieren.
Die sehr harte Verordnung von 1782 wurde auf Drängen der Bevölkerung entschärft, da sich herausstellte, daß die Hengstbesitzer zu hohe Deckgelder forderten. Die Hengsthaltung wurde wieder freigegeben, und auf Schauen konnten die Hengste konkurrieren. Die Besten erhielten Medaillen von beträchtlichem Wert und das Brandzeichen »PM« (dänisch: Prämien-Maerke = Prämienzeichen) am Hals. Die neue Verordnung von 1798 förderte die bäuerliche Initiative, weil die Züchter auf freiwilliger Basis angeregt wurden, das Gute zu fördern und das Schlechte auszumerzen.
Als Resümee dieser so erfolgreichen Epoche mögen die Worte des Engländers Clarke stehen, der 1799 Schleswig-Holstein bereiste (nach »Pferdezucht in der Kremper Marsch« von G. Ahsbahs):
»Die holsteinischen Pferde haben vielleicht an Schönheit und Vortrefflichkeit in keinem Teile der Welt ihresgleichen. Das berühmte Modell dieses Tieres, welches den englischen Bildhauern als das Werk der Frau Barbarino Wilmot so wohl bekannt, und, wie man sagt, von der erhabenen Beschreibung des Streitrosses im Hiob hergenommen ist, scheint ganz darauf berechnet zu sein, die holsteinische Rasse darzustellen. Sie sind von einer dunklen, glänzenden, schwarzbraunen Farbe, mit kleinen Köpfen, weiten Nasenlöchern und großen, dunklen Augen, deren Feuer und Klarheit das innere Feuer des Tieres zu enthüllen scheint. Ungeachtet ihrer großen Schönheit, Tätigkeit und Schnelligkeit, weshalb sie berühmt sind, besitzen sie große Stärke; auch ist in der Tat die Zahl der ausgeführten Pferde ein Beweis ihre Wertes. Sie werden nach Preußen, Deutschland und Frankreich geschickt und machen das Ganze der kaiserlichen Kavallerie aus. Es gibt noch andere Rassen von Pferden in Jütland, von größerer Stärke, aber geringerer Schönheit, diese werden oft nach England geschickt. Die Aus-

fuhr von Pferden aus den dänischen Besitzungen belief sich im Jahre 1798 auf 20 000 Stück.«

Das 19. Jahrhundert brachte der Pferdezucht in ganz Europa viele Veränderungen. Die Französische Revolution und die ihr folgenden Kriege wirkten sehr stark auf die Pferdeproduktion ein. Das Militär war der Hauptabnehmer, und die veränderte Kriegsführung vor allem in den Befreiungskriegen forderte ein schnelles, wendiges Reitpferd für die Kavallerie und ein schweres Pferd für die Gespanne der Artillerie.

Eine gewisse Spezialisierung der Zuchtgebiete wurde erkennbar. Preußen als die führende Militärmacht produzierte in großem Umfang auf den schnell aufblühenden ostpreußischen Gestüten den Nachwuchs für seine Reiterheere. In der Zeit von 1814 bis 1839 kam es in Preußen zu Gestütsgründungen, die über das gesamte Land verteilt wurden. Das bereits 1732 gegründete Trakehnen wurde 1814 völlig renoviert, es folgte das Hauptgestüt Graditz und die Landgestüte in Brandenburg, Westpreußen, Schlesien, Posen, Westfalen und im Rheinland. In der Zeit nach den Befreiungskriegen gab es zunächst einen Rückschlag, der trotz fortschrittlicher Zuchtmaßnahmen zu Modellen führte, die in Schwarzneckers »Pferdezucht« wie folgt beschrieben wurden:

»Das Pferdeideal der damaligen Epoche war der hellbraune, englisierte Wallach, mit dem wohlfrisierten, hochgetragenen Pürzel und den dünngerupften Mähnen, der dahersteigt mit steif gehaltenen Knien, wie die ihm nachfolgenden Grenadiere ... In der Reiterei war es ähnlich. Nachdem die Hohe Schule in dem Kampfe mit den wilden Moldauern, Polen, Ukrainern verloren gegangen, und die rohe Kraft an die Stelle der höchsten Finesse getreten war, hieß es nun bei den fügsameren Remonten ›beruhigen‹. Man verkroch sich in den Militärrequitationen hinter allen möglichen Hilfszügeln, hinter denen man die Pferde in endlosen Seitenlektionen dahindämmern ließ, Barriere wie Karriere gleichmäßig scheuend. Aus den kühnen Reitern der Freiheitskriege wurden in den Bahnen stallvisitierende, mit Kleinigkeiten geplagte Offiziere, und wer überhaupt nicht reiten mußte, bestieg nicht gern ein Pferd oder tat es höchstens zu einem gemütlichen Verdauungsrittchen.«

Schwarznecker beschreibt auch, daß zu dieser Zeit das Fahren mehr gepflegt wurde als das Reiten und daß die Züchter aus dem Nordseeküstenbereich führend waren.

Mit dem Beginn des technischen Zeitalters war auch das Straßennetz verbessert worden. Der Personenverkehr mit schnellen Luxusfahrzeugen gewann immer mehr an Bedeutung, und die entsprechenden, ausdauernden Pferde kamen zu einem großen Prozentsatz aus der Küstenregion mit den Zuchtgebieten Friesland, Oldenburg, Hannover und Holstein. Vorbild dieser schnellen Kutschen waren die Mail- und Stage-Coaches aus England, die dort um 1830 schon auf einem dichten Netz guter

Landstraßen zur Post- und Personenbeförderung dienten. Enorme Strecken wurden mit größter Geschwindigkeit überwunden. Die Fahrt von London nach Edinburgh dauerte 40 Stunden über eine Entfernung von fast 650 km mit Streckenabschnitten von je 16 km, die in 55 Minuten zurückgelegt wurden. Nur Pferde mit eiserner Konstitution, harten Hufen und klaren Beinen konnten diese Belastungen überstehen.
Zunächst waren es die noblen, aus Veredlungen mit Vollblütern gezüchteten »Cleveland Bays«, die diese schnellen Wagen zogen; doch nach der Verbesserung des Straßennetzes wurden sie durch die härteren und schnelleren »Yorkshire Coach Horses« abgelöst. Etwa ab 1790 beginnen sich diese beiden Zuchten deutlich zu unterscheiden: Auf der einen Seite der etwas stabilere »Cleveland Bay« mit dem großen, aber schönen Kopf und Bewegungen, die zwar raumgreifend sind, aber nicht genügend von oben kommen; daneben das »Yorkshire Coach Horse« – eleganter, mit bildschönem Gesicht und den erwünschten hohen, räumenden Gängen. Englische Bilder aus dieser Zeit lassen die Schönheit eines solchen Gespannes erkennen.
Es ist verständlich, daß bei den damaligen guten Geschäftsbeziehungen zwischen Schleswig-Holstein und England der Ruf dieser Pferde auch bald nach Holstein gelangte und tüchtige Händler dafür sorgten, daß Pferde dieser Art auch nach Holstein kamen.
Zur Abrundung des Bildes dieser frühen Jahre des 19. Jahrhunderts muß noch eine Pferderasse angesprochen werden, die damals wie heute großen Einfluß auf die deutschen Warmblutzuchten ausgeübt hat, nämlich das Englische Vollblutpferd. Auf die Entstehung dieser ältesten organisierten Pferdezucht auf der Basis von Leistungsprüfungen soll hier nur kurz eingegangen werden. Jeder, der sich mit Fragen der Pferdezucht befaßt hat, wird sie kennen.
Die »Royal mares« des Königs Karl II. im Jahre 1680 bildeten den Ausgangspunkt und terminierten damit das Geburtsjahr der Vollblutzucht in England. Die Wettleidenschaft der Briten und der Ausbau der Pferderennen taten ein übriges, nun auch die Zucht von möglichst schnellen Rennpferden aufzubauen. Drei Hengste waren es, die diese Zucht vorantrieben:

- The Byerly Turk, 1689 vor allem in Irland benutzt;
- The Darley Arabian, angekauft 1713;
- The Godolphin Arabian oder the Godolphin Barb, etwa 1731 eingesetzt.

Wie in der damaligen Zeit üblich, deuten die Namen auf die Herkunft der Pferde hin. So war »Turk« ein während der Belagerung Wiens von einem englischen Offizier erbeuteter türkischer Hengst, »Arabian« ein in Aleppo angekaufter Araber und »Barb« ein auf mysteriöse Weise aus Tunis importierter Berber.
Durch das für die Engländer typische Fingerspitzengefühl in der Zucht entwickelte

sich aus diesen Anfängen die heute über die ganze Welt verbreitete Vollblutzucht. Aufgezeichnet wurden alle Zuchtdaten im »General Stud Book«, das zuerst vollständig 1808 erschien und bis auf die Zeit König Jacobs I., etwa um 1610, zurückreicht. Rund 5 500 Pferde werden aufgeführt, die als registrierte Vorfahren gelten und auf die alle heutigen Vollblüter zurückzuführen sind. Mit der Herausgabe des ersten Bandes dieses Stutbuches wurde gleichzeitig das Register geschlossen, da Pferde, die nicht auf eines der im ersten Band genannten zurückzuführen waren, nicht mehr aufgenommen wurden. Diese Maßnahme, die wir heute als »Reinzucht« bezeichnen, ist in dieser Vollendung bisher von keiner anderen Tierzucht wiederholt worden. Der Vollblüter ist durch diese konsequenten Zuchtrichtlinien, die bis heute fast 200 Jahre gelten, als einziges Tier in der Lage, seine guten Eigenschaften wie Schönheit, Härte, Ausdauer, Nerv und die durch die ständigen Anforderungen in den Rennen geformte körperliche Konstituion an seine Nachkommen weiterzugeben. Doch muß auch hier, wie bei jeder heilsamen Medizin, die Dosierung genau abgestimmt sein.
Die besseren Verkehrswege und die Sicherheit des Reisens nach den Befreiungskriegen führten zu einem verstärkten Erfahrungsaustausch in den europäischen Ländern. Hinzu kam in Deutschland ein gewisses Nacheifern der Engländer, so daß auch bald Pferderennen nach englischem Muster veranstaltet wurden. 1830 fand in Berlin das erste Wettrennen statt, und 1846 wurde der Jockey-Club gegründet mit gleichzeitigem Erlaß der Renngesetze.
In Schleswig-Holstein war es der Herzog von Augustenburg, der 1821 ein Vollblutgestüt gründete und 1828 auch die ersten Wettrennen veranstaltete. Er war damit der erste auf dem Kontinent, der den Wert der Vollblutzucht erkannte und darauf drängte, daß in Schleswig-Holstein jährlich Rennen, verbunden mit Tierschauen, durchgeführt wurden. Nach bestimmten Regeln konnte jedes Pferd an diesen Rennen teilnehmen, wobei Unterteilungen nach Alter und Länge der Rennstrecke vorgesehen waren. Neben diesen Rennen fanden Tierschauen mit Prämiierungen von Hengsten und Mutterstuten statt. Außerdem wurden Auktionen veranstaltet, die den Absatz der Pferde anregen sollten. Träger dieser Veranstaltung war der Landesverein zur Verbesserung der Pferdezucht, der sich als Dachverband aus örtlichen Vereinen zusammensetzte. Während die Rennen aus Mangel an Beteiligung bald wieder einschliefen, erfreuten sich die Tierschauen lebhaften Zuspruchs und trugen damit wesentlich zur Förderung der Pferdezucht in dieser Zeit bei.
Die Verdienste, die sich Herzog Christian August von Augustenburg um die Pferdezucht in Schleswig-Holstein erworben hat, wirken noch bis in die heutige Zeit. Leider fand die segensreiche Tätigkeit dieses echten Pferdemannes durch seine in Fragen des Erbrechts so starre Haltung abrupt ihr Ende, als der dänische Staat seine Güter in

Schleswig konfiszierte. Seine folgenden Worte aus dem Jahre 1829 haben den Holsteiner Pferdezüchtern als Richtschnur gedient und dazu beigetragen, daß heute, nach über 150 Jahren, eine praktisch gleiche Situation wie die damalige gemeistert werden konnte:

»Welches Land sollte sich aber wohl besser zur Produzierung von großen und starken Pferden eignen als das unsrige? Auf unseren vortrefflichen und von der Seeluft getränkten Wiesen wachsen die jungen Pferde im Sommer wie im Winter auf dem Stalle bei ebenso kräftigem Heu und Körnerfutter, zu einer Größe empor, die von wenig anderen Pferderassen erreicht wird. Freilich fehlt diesen Pferden das Edle, aber einige Generationen hindurch gepaart mit großen und starken, edlen Hengsten, und wir werden Pferde produzieren, die den mit Recht so berühmten und gesuchten englischen Wagen- und Jagdpferden an die Seite gestellt werden können. Daß nur aus dem ganz edlen, unvermischten oder Vollblut eine wahrhafte und dauernde Verbesserung oder Veredlung zu erwarten ist, bedarf wohl keines Beweises; ebenso unnötig würde eine ausführliche Beschreibung der Entstehung dieser eigentümlichen Rasse in England sein, wenn ich nicht Grund zu glauben hätte, daß hier im Lande noch manche Zweifel über diesen Gegenstand herrschen dürften.«

Das Augustenburger Konzept der Verbindung von Prämiierungen, Leistungsprüfungen und Auktionen hatte zur Folge, daß die Privatinitiative angekurbelt wurde und Fachleute als Aufkäufer nach England fuhren, um Zuchtpferde, vor allem Hengste, zu erwerben. Namen wie Vahlert und Olde, beide aus Neuenbrook bei Itzehoe stammend, waren führend in der Einfuhr dieser Hengste. Auffällig war jedoch, daß nur ein einziger Vollblüter angekauft wurde zugunsten des Erwerbs von Halbblütern, die wohl vor allem »Yorkshire Coach Horses« waren. Getreu dem Grundsatz »Rasse mit Masse« kam es ihnen darauf an, die damals so begehrten Karossiers zu produzieren. Pferde also, die nach dem Vorbild der englischen Kutschpferde auf dem Kontinent immer begehrter wurden. Schon bald hatten die Pferde aus Holstein ihren alten guten Ruf wiedererlangt und wurden von Ankäufern als Luxuspferde für Kunden aus ganz Europa erworben. Zentrum dieses lebhaften Handels waren die großen Hengststationen auf privater Basis, darunter die mit 40 Hengsten wohl größte Station von Olde in Neuenbrook.

Mit der Holsteiner Pferdezucht ging es nun steil aufwärts, obgleich der Tod des königlich dänischen Agenten Jakob Olde im Jahre 1840 eine deutliche Lücke hinterließ. Die Weichen für die Zukunft waren gestellt. Die Qualität der Holsteiner Pferde wurde in ganz Europa gerühmt, und es gehörte zum guten Ton, edle Karossiers aus Holstein vor der Kutsche zu haben, wobei sich der Vergleich mit einer noblen Automarke der Jetztzeit aufdrängt. Als Beispiel sei genannt, daß 1838 von 1800 verkauften Pferden

allein 335 nach Frankreich exportiert wurden. 1845 gingen von 1550 Pferden 460 nach Italien, Belgien, Frankreich, der Schweiz und 250 nach Berlin. Die Preise waren dementsprechend hoch und erreichten für Luxuswallache bis zu mehrere tausend Taler.
Ein besonderer Abschnitt der Holsteiner Zucht beginnt mit dem deutsch-dänischen Krieg und der Umwandlung der unter dänischer Verwaltung stehenden Herzogtümer Schleswig-Holsteins in eine preußische Provinz. Das preußische Heer hatte einen großen Bedarf an Remonten, die in allen Provinzen in Zusammenarbeit der Landgestüte mit den bäuerlichen Züchtern produziert wurden. Auch für ihre neue Provinz Schleswig-Holstein wurde daher die Einrichtung eines Landgestütes für notwendig gehalten. 1874 fand die Einweihung von Traventhal statt, und schon bald war der Hengstbestand auf über 100 angewachsen. Bunt wie die Zucht in den holsteinischen Geestlanden war auch die Zusammensetzung der in Traventhal stationierten Hengste: Hannoveraner, Oldenburger und Schleswiger wurden bevorzugt und speziell im mittel- und ostholsteinischen Raum eingesetzt. Als die Hengststationen des Landgestüts im Kerngebiet des Holsteiners in den Elbmarschen ebenfalls mit Ostpreußen und Hannoveranern besetzt wurden, kam es zu beträchtlichen züchterischen Rückschlägen, die auch dadurch nicht verhindert werden konnten, daß zur Verstärkung Oldenburger eingesetzt wurden. Diese Fehler machten sich naturgemäß auch im Portemonnaie der Züchter bemerkbar, die lange Jahre Pferde zu hohen und höchsten Preisen verkaufen konnten und jetzt mit der einfachen Remontenproduktion abgespeist wurden. Eine Zeit der Sammlung setzte ein. Es kam zu Vereinsgründungen zur Förderung der Pferdezucht. Zwei bedeutende Persönlichkeiten, Georg Ahsbahs aus Sommerlander Riep bei Krempe und Claus Hell aus der Seestermüher Marsch, bewirkten den Zusammenschluß der Züchter zu Vereinigungen, die 1883 in der Kremper Marsch und 1885 in der Seestermüher Marsch gegründet wurden.

Beginn der modernen Holsteiner Pferdezucht

Die Lage der Pferdezucht in Holstein war, wie bereits beschrieben, durch den Einsatz von Hengsten unterschiedlichster Rassenzugehörigkeit sehr unübersichtlich geworden. Der Tatkraft von Georg Ahsbahs und Claus Hell ist es zu verdanken, daß die Züchter sich in Vereinen zusammenschlossen und damit gegenüber der preußischen Verwaltung und dem Landgestüt Verhandlungspartner darstellten, die sehr massiv auf eine Änderung zur Erhaltung der Holsteiner Pferdezucht drängten. Nach der Gründung der beiden ersten Pferdezuchtvereine in der Kremper und der Seestermüher-Haseldorfer-Marsch wurde eine Bestandsaufnahme der Zuchtpferde vorgenommen, und 1886 konnte Georg Ahsbahs den ersten Band des Gestütbuches herausgeben, der noch mit »Die Pferdezucht in der Kremper Marsch« betitelt ist. Bereits vier Jahre später folgte der zweite Band und noch einmal drei Jahre später, im Jahre 1893, der dritte Band des Gestütbuches.
Die genauen Aufzeichnungen lassen erkennen, was für eine mühevolle Arbeit es war, alle wissenswerten Daten zu sammeln, aufzuschreiben und damit für die Nachwelt zu erhalten. Es wurde mit diesen Büchern ein vorbildliches Werk vollbracht, das heute noch, ähnlich wie das »General Stud Book« bei den Vollblütern, den Werdegang der Zucht über einen Zeitraum von 200 Jahren darstellt. Der Hengst mit der Nr. 1, Melcherts Hengst, wurde ca. 1770 geboren und stand in Borsflether Büttel bei Krempe auf Station, veröffentlicht im dritten Band des Gestütbuches. Die Erfassung der Mütter wurde unterteilt in ein Ahnenregister und ein Stammregister. In das Ahnenregister wurden die nachgewiesenen weiblichen Vorfahren aller Stammregister-Hengste und -Stuten aufgezeichnet, die selbst nicht mehr eingetragen werden konnten. In das Stammregister wurden die Stuten aufgenommen, die nach einer Besichtigung oder, wie es damals hieß, »Körung« für eine Eintragung in das Gestütbuch würdig befunden wurden. Die älteste Ahne mit der Nr. 1 ist eine um 1800 geborene Stute mit Namen Vossbless von Claus Urbahns, Tensbüttel, die bis 1822 zur Zucht benutzt wurde und eine Fuchsstute mit Blesse war. Die erste »gekörte« Stute hieß Agathe, geboren 1868, rotbraun ohne Abzeichen, 165 cm Stock/175 cm Band, abstammend von Young Achill 777 und der Ahne 524, Stutenstamm 203, Züchter: Gebrüder Panje, Elskop, Besitzer: ab 1874 bis 1890 Hermann Panje, Uebersteig. Die Stute erhielt 1887 einen 3. Sammlungspreis. Sie hatte 7 Nachkommen, 4 männlich und 3 weiblich, davon 2 eingetragene Zuchtstuten. Die Nachzucht war bis auf ein Fuchsfohlen von brauner

Farbe. Angaben über die Väter der Fohlen und den Verbleib, sowie über Güstjahre und Verfohlungen schließen an.
Im dritten Band des Gestütbuches sind 1672 Hengste und 2500 Stuten eingetragen. Eine Besonderheit des holsteinischen Stutbuches ist das Register der Stutenstämme, das ebenfalls 1893 im dritten Band aufgebaut wurde und die weibliche Linie bis zur ältesten Ahne umfaßt. 1076 Stutenstämme wurden in diesem Band registriert und numeriert, so daß auch heute noch sehr schnell nachgeforscht werden kann, welchen Ursprungs ein Pferd in der weiblichen Linie ist. Der große Hippologe Gustav Rau hat in seinen Veröffentlichungen mehrfach auf die vorbildliche Stutbuchführung beim Holsteiner Verband hingewiesen.
Georg Ahsbahs schreibt in Band 1 des Gestütbuches folgenden Satz:
»Seitdem die große Konkurrenz und die allgemeinen nationalen Verhältnisse den Landwirt zwingen, sein Augenmerk mehr denn je auf größte Quantität und beste Qualität seiner Produkte zu richten, hat sich bei den Viehzüchtern allgemein das Bedürfnis geltend gemacht, durch Anlegung von Stammregistern und Herdbüchern einesteils die Qualität ihres Zuchtmaterials zu heben, andererseits dem Käufer größere Garantie zu bieten und somit für Erweiterung des Absatzes Sorge zu tragen.«
Wie richtig diese Feststellung war, ist in den nachfolgenden Jahren erst voll gewürdigt worden. Die Erfassung der Stutenstämme, der Ahnen, Stammstuten und der Hengste lieferte die Daten, die für eine moderne Pferdezucht unerläßlich sind. Mit Aufzeichnungen über die Vorfahren, mit Angaben über die Bonitierung, Leistung und Fruchtbarkeit begann ein neues, züchterisch bestimmtes Denken, das seinen Ursprung in den Lehren Darwins und Mendels hatte.
Bemerkenswert ist die Tatsache, daß bereits bei der Gründung des ersten Pferdezuchtvereins das Zuchtziel festgelegt wurde. Es war Teil der Vereinssatzung und wurde im zweiten und den folgenden Bänden des Gestütbuches als Leitlinie vorangestellt. Es lautet zuerst im Jahre 1883: »Das Zuchtziel ist ein edles, kräftiges Wagenpferd mit starken Knochen und hohen, räumenden Gängen, welches möglichst gleichzeitig die Eigenschaften eines schweren Reitpferdes besitzt.« Dieses Zuchtziel blieb mit einigen Modifizierungen bis in die jüngste Zeit erhalten. In den dreißiger Jahren wurde es etwas abgeändert und lautete: »Sein Zuchtziel ist der »Holsteiner«, ein edles, kräftiges Reit- und Wagenpferd mit starken Knochen und hohen, räumenden Gängen.«
Die Verhältnisse nach dem Zweiten Weltkrieg mit der fortschreitenden Motorisierung und den veränderten Anforderungen an die Pferdezucht mußten auch zu einer Anpassung des Zuchtziels führen. In der Satzung von 1964 wird es wie folgt beschrieben: »Das Zuchtziel ist das »Holsteiner Pferd«, ein edles, vielseitiges Warmblutpferd, besonders geeignet als Reit- und Springpferd wie auch als Wagenpferd und

für jede Arbeit in der Wirtschaft.« Diese Fassung wurde 1971 noch einmal überarbeitet und führte zu dem heute gültigen Wortlaut: »Das Zuchtziel ist das ›Holsteiner Pferd‹, ein edles, gängiges, vielseitiges Warmblutpferd, besonders geeignet als Springpferd wie auch für alle anderen Disziplinen des Pferdesports.«
Die Veränderungen im Laufe der Jahre sind offensichtlich, jedoch ohne Verlust der typischen holsteinischen Eigenschaften. Die ganze Mentalität der Holsteiner Züchter findet sich in diesen Worten wieder, das Festhalten an der Tradition, solange sie sinnvoll ist, bei gleichzeitiger Verwertung moderner Erkenntnisse. Der typische Holsteiner blieb trotz aller Anpassung an die jeweilige Situation erhalten und ist nach wie vor in seiner speziellen Art wie Größe, Stabilität und Bewegungsablauf heute wie vor hundert Jahren erkennbar. Der edle Karossier um 1900, das leistungsbereite Artilleriestangenpferd in den Jahren um 1930 und das stabile, sprunggewaltige Sportpferd der neueren Zeit lassen erkennen, daß die Holsteiner die hierfür erforderlichen Anlagen besitzen. Gutartig im Charakter, mit lebhaftem Temperament, muskulös in der Vorhand und aktiv in der Hinterhand, das sind Merkmale, die das Holsteiner Pferd stets besaß und deren Erhaltung zu den vordringlichsten Aufgaben des Zuchtverbandes gehört. Dazu zählt auch die eiserne Gesundheit, auf deren Beachtung und Bewahrung schon in den ältesten bekannten Verordnungen hingewiesen wurde.
Die möglichst enge Annäherung an das Zuchtziel war jedoch nur möglich, wenn die Zuchtmethoden unter Benutzung der hierfür zur Verfügung stehenden Hilfsmittel sich den modernen Erkenntnissen anpaßten. Zu diesen Hilfsmitteln zählen Stuten- und Fohlenschauen mit den hierbei durchgeführten Bonitierungen und Prämiierungen, Hengstkörungen und Prüfungen, sowie die Aufzeichnung und Veröffentlichung aller bekannten Daten in einem allen Züchtern zugänglichen Stutbuch. Diese Tatsache hatte bereits Georg Ahsbahs als wichtiges Steuerorgan der Zucht in den Mittelpunkt seiner Tätigkeit gestellt. In kontinuierlicher Folge wurden in den Jahren bis 1938 die Stutbücher bis zum Band XIII herausgegeben. Alle diese Bände haben den gleichen Aufbau: Stammtafeln der Stuten, Register weiblicher Ahnen, Stammregister der Hengste, Stammregister der Stuten, alphabetische Verzeichnisse der Hengste und Stuten sowie der Besitzer und Züchter nach Wohnorten geordnet.
Diese Stutbücher sind so umfassend und genau, daß sie für den Züchter bald zu einem unentbehrlichen Nachschlagewerk wurden und noch heute ständig im Gebrauch sind, wenn es gilt, Abstammungen zurückzuverfolgen. Die langen Generationsintervalle bei Pferden erfordern im Gegensatz zu anderen Tierzuchtzweigen derartige Aufzeichnungen aus weiter zurückliegender Zeit, um Kenntnis von den Stuten- und Hengstlinien zu bekommen, zumal in der Pferdezucht die Abstammung wichtige Hinweise vermitteln kann. Mit dem Band XIII im Jahre 1938 reißt leider diese um-

fassende Veröffentlichung ab. 1943, mitten im Krieg, wird der Band XIV herausgegeben, der aber nur noch eine Zusammenstellung der eingetragenen Stuten und Hengste enthält. Es folgt eine Lücke bis 1953, erst danach läßt der Verband in jährlicher Folge die Bände XV bis XVII folgen, mit den Aufzeichnungen über die neu aufgenommenen Stuten und die Zuchthengste. Das Register der Stutenstämme wurde bis 1957 weitergeführt, aber nicht mehr veröffentlicht. Auch die Ausgabe der Stutbücher wurde 1957 beendet. In der folgenden Zeit wurde die Stutbuchführung auf Kartei umgestellt. Die Stammnummern blieben erhalten und wurden bei den Nachkommen fortgeschrieben, eine Veröffentlichung gab es jedoch nicht mehr. 1972 wurde die gesamte Stutbuchführung modernisiert und auf die elektronische Datenverarbeitung umgestellt. In unendlicher Kleinarbeit mußten alle Daten des Gesamtbestandes an lebenden Hengsten und Stuten einschließlich ihrer Vorfahren gesammelt und auf Ablochbelege übertragen und gespeichert werden. Die Angaben von 16 000 Pferden wurden übernommen und eingefüttert. Nur hierdurch war es möglich, die bereits bei der Umstellung auf EDV geplante Fortführung der Stut- und Hengstbücher durchzusetzen. Im Jahre 1974 folgte der Band XIX, der alle Stuten umfaßt, die ab 1957 neu aufgenommen wurden, so daß die Lücke zu den alten Stutbüchern geschlossen ist. Inzwischen werden in jedem Jahr die Anschlußbände direkt von der EDV-Anlage ausgedruckt, mit den Angaben über die neu eingetragenen Stuten, geordnet nach Staatsprämien-, Hauptstutbuch-, Stutbuch- und Vorbuchstuten sowie aller im laufenden Jahr registrierten Fohlen. 1975 wurde neben diesem Stutbuch das Hengstbuch gedruckt, das alle in der EDV gespeicherten Hengste enthält und nach Körjahren ordnet. Im ersten Teil sind alle bedeutenden Hengste der Zeit von 1877 bis 1958 in Kurzform wiedergegeben. Der zweite Teil umfaßt alle Hengste, die ab 1958 aufgenommen wurden, mit einem Pedigree über drei Generationen und, soweit vorhanden, mit Bild. Im dritten Teil sind solche Hengste verzeichnet, die keine Holsteiner Abstammung haben, also vor allem die Vollblüter, die in der Veredelungsphase eingesetzt wurden. So war es mit den heute zur Verfügung stehenden modernen Verfahren möglich, ohne große finanzielle Opfer und mit kleinstem Personalbestand das von Georg Ahsbahs am Ende des vorigen Jahrhunderts begonnene Werk fortzusetzen und dem Züchter die für die züchterischen Überlegungen notwendigen Aufzeichnungen in die Hand zu geben. Die bereits von Gustav Rau apostrophierte vorbildliche Stutbuchführung ist auch heute wieder führend in Deutschland. Das schon 1972 in die Datenverarbeitung überführte Stutbuch ist in der Lage, schnell und fehlerfrei zu arbeiten. Insbesondere werden die jährlich neu geborenen Fohlen registriert und Abstammungsnachweise ausgedruckt, so daß dem Züchter sehr schnell, möglichst noch vor dem Absetzen des Fohlens von der Mutter, die erforderlichen Papiere ausgehändigt werden können.

Die Hengsthaltung und ihr Einfluß auf die Holsteiner Zucht bis 1960

Alle Tierzuchtzweige, besonders im landwirtschaftlichen Bereich, werden durch die Vatertierhaltung geprägt. Die Pferdezucht war auch hier sehr frühzeitig führend, da die Produktion von Pferden sehr eng mit den Interessen der jeweiligen Regierungen verknüpft war. In Schleswig-Holstein gab es, wie bereits erwähnt, schon im 18. Jahrhundert königliche Verordnungen zur Förderung der Hengsthaltung. Diese staatliche Einflußnahme setzte sich in der Folgezeit fort, in der Erkenntnis, daß eine Förderung der Tierzucht am sichersten über die Vatertierhaltung möglich ist. Kritiker dieser staatlichen Einflußnahme sollten sich immer vor Augen halten, daß von der öffentlichen Hand seit längerer Zeit Mittel zur Verfügung gestellt wurden, um die Tierzucht zu verbessern. Segensreich waren diese Mittel immer dann, wenn gutes Einvernehmen zwischen Staat und Züchterschaft herrschte.

Die scharfe Selektion der Vatertiere verspricht den größten Fortschritt in der Tierzucht. In Schleswig-Holstein wurde seit jeher ein sehr strenger Maßstab bei der Auswahl der Vatertiere angelegt. Die flexible Einstellung der Züchter und die wache Beobachtung der Marktchancen führten immer wieder zu besonderen züchterischen Höhepunkten. Im vorangehenden Kapitel war die Rede davon, wie sich zu Beginn des vorigen Jahrhunderts als Folge der Einfuhr von Yorkshire Coach-Hengsten die Nachfrage nach Karossiers aus Holstein verstärkt hatte. Die Konsequenz war, daß durch die hohen Wallachpreise die Hengstaufzucht ins Stocken kam und dadurch Rückschläge nicht zu vermeiden waren. Das Landgestüt Traventhal versuchte nun mit Hengsten verschiedener Herkunft, diese Lücke zu schließen. Die Züchter erkannten jedoch bald die Gefahr, daß die einheimische Pferdezucht durch Verdrängungskreuzungen sehr schnell vernichtet werden konnte, und gründeten daher den Hengsthaltungsverein »Holsatia«, der 1888 die ersten Hengste in der Kremper Marsch stationierte. Sehr schnell folgten die anderen Marschgebiete diesem Beispiel und gründeten zusammen am 2. Februar 1894 den »Verband der Pferdezüchter in den holsteinischen Marschen e. G. m. b. H.« mit der Zielsetzung, neben der Stutbuchführung auch Hengsthaltung zu betreiben. Bereits 1918 verfügte der Verband über 80 eigene Hengste, die in Holstein gezüchtet waren. Das Holsteiner Pferd genoß schon bald wieder großes Ansehen und wurde als Artilleriestangenpferd bei den Remonte-Kommissionen begehrt. Die zwanziger Jahre mit ihren wirtschaftlichen Katastrophen zwangen die Züchterschaft, ihren Hengstbestand zu verkaufen. Das Landgestüt Traventhal erwarb diese Beschäler und war seit dieser Zeit Träger der Holsteiner Hengsthaltung bis zum Jahre 1960. Der

enorme Rückgang der Pferdehaltung in der Zeit der Motorisierung der Landwirtschaft führte schließlich zur Auflösung des Landgestüts. Der größte Teil der Hengste wurde vom Holsteiner Verband erworben, der auf privater Ebene seit 1960 für seine Züchter die Hengsthaltung betreibt und damit auch dieses wohl wichtigste Steuerorgan in seinen Händen hat.
Die vielen Impulse, die von der Hengsthaltung auf die Züchterschaft ausgehen, beginnen auf der örtlichen Ebene der Hengststationen. Das züchterische Leben findet vorwiegend hier statt. Hier wird offen gesprochen, kritisiert und gelobt, und wie es guter alter Brauch unter Pferdeleuten ist, findet auf den Stationen bei »Köm und Bier« der wichtigste Erfahrungsaustausch statt. Wohl dem Stationshalter, der es versteht, die Züchter für seine Hengste zu begeistern und dann auch mit Erfolgen bei Prämiierungen und Schauen glänzen kann. Eine gute Sachkenntnis und viel Einfühlungsvermögen gehören dazu, den oft sehr massiv vorgetragenen Wünschen gerecht zu werden. Vor allem gehört es zu seinem täglichen Dienst, über Abstammung und Nachzucht seiner Hengste Auskunft zu geben. Das Wissen über die züchterischen Zusammenhänge ist daher eine Grundvoraussetzung für jeden, der sich mit der Pferdezucht beschäftigt.
Noch vor gar nicht langer Zeit mußte jeder Landwirtschaftsstudent mit Neigungen zum Fach »Tierzucht« die wichtigsten Blutlinien und ihre Begründer in allen Tierzuchtzweigen auswendig wissen. Mit Sicherheit nützt solches Auswendiglernen aber nur, wenn die gewußten Namen auch mit Leben erfüllt werden können. Doch welcher Pferdezüchter oder Pferdefreund kennt nicht die berühmten Namen aus den bedeutenden Zuchten der Welt, wie die fünf Familien der Araberzucht: Ku-hai-lan, Sak-la-we, O'Bai-yan, Ham-da-ne und Had-ban. Gleiches gilt für die Stammväter der Englischen Vollblutzucht, über die vorher bereits gesprochen wurde, wobei der Name Eclipse noch zu ergänzen wäre. Einige Stammväter, wie Nonius oder Gidran, beide aus Ungarn, gaben den aus ihnen entstandenen Rassen auch ihren Namen mit. Und wer kennt nicht den schon legendären Tempelhüter der Trakehner Zucht oder denkt bei Adeptus und Flick nicht gleich an Hannover.
In Holstein waren es drei Hengste, die heute als Stammväter der Zucht anzusehen sind:

- *Burlington Turk 81, geb. 1825*

hellbraun, ohne Abzeichen, gezüchtet in England, stationiert in Neuenbrook, Kollmar und Neuendorf (Kremper Marsch) von 1832 bis 1845; im Stutbuch als Hunter bezeichnet. Abstammung: Harpham Turk xx, Newton, Volunteer.

- *Owstwick 254, geb. 1834*

kastanienbraun, ohne Abzeichen, gezüchtet in England, stationiert in Schönmoor,

1829—45 **Hellbrauner Hengst Burlington Turk 81** (Yorkshire Coachhorse St.-B. 487).

Harpham Turk 935 ××	Bedalian	Beningbrough	King Fergus	Eclipse
				Polly
			Stute von	Herod
				Pyrrha
		Constantia	Walnut	Highflyer
				Maiden
			Contessina	Y. Marske
				Duchess
	Stute von	Turk 968	Hutchinson's Turk	—
				—
			Stute von	Y. Cade
				Stute von Forrester
		Stute von	Engineer	Sampson
				Y. Greyhound Stute
			Stute von	Whitenose
				Grey Hautboys Stute
Stute von	Newton 315	Dreadnought 720	Rainbow 834	Dart 712
				—
			Stute von	Fearnought 743
				—
		Stute von	Harum Miller	—
				—
			Stute von	Success 876
				Stute von Tandam
	Stute von	Volunteer 650	Victory 899	Trotting Jalap
				Earlis Horse Stute
			Stute von	Cade 925
				—
		—	—	—
				—
			—	—
				—

1846—59 **Kastanienbrauner Hengst Owstwick 254** (Yorkshire Coachhorse, St.-B. 332).

Dreadnought 126	Dreadnought 720	Rainbow 834 ■	Dart 712	Wusham's Horse 807
				—
			—	—
				—
		Stute von	Fearnought 743 ●	Woutman's Horse 804
				—
			—	—
				—
	Stute von	Fearnought 743 ●	Woutman's Horse 804	Taylor's Horse 884
				—
			—	—
				—
		Stute von	Clothier ××	—
				—
			—	—
				—
Stute von	Owstwick 612	Harpham Turk 935 ××	Bedalian ××	Beningbrough ××
				Constantia ××
			Stute von	Turk 968 ××
				Stute von Engineer ××
		Stute von	Conqueror 706	—
				—
			—	—
				—
	Stute von	Dart 714	Rainbow 834 ■	Dart 712
				—
			Stute von	Cade 925
				—
		Stute von	Rainbow 834 ■	Dart 712
				—
			Stute von	Tandam 691
				—

<table>
<tr><td colspan="16">Stute von</td><td colspan="16">Baylock 32</td></tr>
<tr><td colspan="8">Stute von</td><td colspan="8">Arram Trajan</td><td colspan="8">Stute von</td><td colspan="8">Champion 81</td></tr>
<tr><td colspan="4">Stute von</td><td colspan="4">Hasard XX</td><td colspan="4">Stute von</td><td colspan="4">● Turk 486</td><td colspan="4">Stute von</td><td colspan="4">● Turk 486</td><td colspan="4">Stute von</td><td colspan="4">Brigham Turk 687</td></tr>
<tr><td colspan="2">—</td><td colspan="2">Peerleß 821</td><td colspan="2">—</td><td colspan="2">—</td><td colspan="2">Stute von</td><td colspan="2">Dart 712</td><td colspan="2">Stute von</td><td colspan="2">Harpham Turk 934 XX</td><td colspan="2">—</td><td colspan="2">Owstwick 612</td><td colspan="2">Stute von</td><td colspan="2">Harpham Turk 934 XX</td><td colspan="2">Stute von</td><td colspan="2">Sancho 956</td><td colspan="2">Stute von</td><td colspan="2">● Turk 486</td></tr>
<tr><td>—</td><td>—</td><td>Stute von (Mark Bell's Horse)</td><td>—</td><td>—</td><td>—</td><td>—</td><td>—</td><td>—</td><td>Grey Tail 772</td><td>—</td><td>Musham's Horse 807</td><td>Stute von (Stickney's Horse)</td><td>Tom 885</td><td>✸ Turk Stute</td><td>Ruler XX</td><td>—</td><td>—</td><td>Stute von (Conqueror)</td><td>Harpham Turk 935 XX ✸ Turk. St.</td><td>Stute von (Stickney's Horse)</td><td>Tom 885</td><td>✸ Turk Stute</td><td>Ruler</td><td>—</td><td>Macaroni XX</td><td>Stute von (Cardinal XX)</td><td>Sancho XX</td><td>Stute von (Canham 691)</td><td>Volunteer, 651</td><td>Stute von (Tom 885)</td><td>Harpham Turk 934 XX (Ruler XX ✸ Turk. St.)</td></tr>
</table>

Hohenwestedt, Marne, Oldesloe und Kaltenkirchen von 1846 bis 1859. Abstammung: Dreadnought, Owstwick, Dart Rainbow, Cundum.

● *Brillant 448, geb. 1842*

goldbraun, ohne Abzeichen, gezüchtet in England, stationiert in Schönmoor, Marne, Steinburg, Groß Nordende, Kronprinzenkoog und Norddeich von 1847 bis 1867; eingetragen im Yorkshire Coach Horse Stud Book Nr. 5381. Abstammung: Baylock, Arram Trajan, Hasard xx, Peerless.

Während Burlington Turk als Vollblutsohn alle Vorzüge und Schwächen der ersten Generation einer Veredelungskreuzung besaß, waren Owstwick und Brillant so gezüchtet, wie es heute wieder beliebt ist: mit dem Vollblüter in der zweiten Generation. Alle drei Hengste sind über den Vollblüter Harpham Turk xx miteinander verwandt und sorgten wohl schon dadurch für eine große Ausgeglichenheit der Nachzucht. Die Anpassung an die vorhandene Stutengrundlage in der Kremper Marsch, mit Stuten, die vielfach auf den berühmten, aber sehr bunten Ladiges 13 zurückzuführen waren, gab dem Hengst Burlington Turk eine große Chance. 32 Söhne führten sein Blut weiter und lieferten bis zum Erlöschen der direkten Blutlinie im Jahre 1894 der Zucht 191 Hengste. Wie sehr sich diese Blutführung festigte, sei am Beispiel des Stutenstamms 19 erläutert.

1. Stute Stern Ahne 18 geb. 1817 von Ladiges 13
   4 Nachkommen:
1.1. Hengst Langenhalser 221 geb. 1833
   von Thormählens Hengst 97
1.2. Stute Freuk Ahne 144 geb. 1834
   von Burlington Turk 81
1.3. Hengst Herkules 287 geb. 1835
   von Burlington Turk 81
1.4. Hengst Zampa 349 geb. 1837
   von Burlington Turk 81

1.2. Stute Freuk A 144, 6 Nachkommen:
1.2.1. Stute Maik A 213 geb. 1838
1.2.2. Hengst Hector 449 geb. 1842
   von Herkules (entstanden aus Vollgeschwisterpaarung)
1.2.3. Stute Stern A 312 geb. 1843
   von Herkules 287 (Inzucht sh. 1.2.2.)
1.2.4. Stute Wittfoot A 437 geb. 1846
   von Herkules 287 (Inzucht sh. 1.2.2.)
1.2.5. Stute Liesch A 534 geb. 1849
   von Owstwick 254
1.2.6. Stute Bless A 552 geb. 1850
   von Kuheilan-el-Ajuz 120

Besonders interessant sind die Nachkommen von
1.2.3. Stute Stern, Ahne 312
1.2.3.1. Hengst Alexander 538 geb. 1847
   von Protocoll 119 xx
1.2.3.2. Hengst Achill 582 geb. 1849
   von Brillant 448
1.2.3.3. Hengst Sternsohn 649 geb. 1852
   von Brillant 448
1.2.3.4. Stute Maik A 940 geb. 1858
   v. Holderness 669

Durch die Inzucht der Stute Freuk A 144 und Herkules 287 entstand die Stute Stern A 312, die wiederum, angepaart mit Brillant, den Hengst Achill 582 hervorbrachte. Eine

ACHILL 1265, geb. 1877, hellrotbraun, hinten links weiße Fessel

Herkules 1163	Achill 582	Brillant 448	Baylock
			Stute von Arram Trajan
		Ahne 312	Herkules 287 von *Burlington Turk*
			Ahne 144 von *Burlington Turk*
	Antiqua 141	-------	

Liesch Ahne 1162 Stamm 268	Achill 582	Brillant 448	Baylock
			Stute von Arram Trajan
		Ahne 312	Herkules 287 von *Burlington Turk*
			Ahne 144 von *Burlington Turk*
	Bless Ahne385	*Burlington Turk*	

Tochter des Achill 582 aus einer Stute von Burlington Turk wurde dann angepaart mit Herkules 1163, der ebenfalls von Achill 582 abstammte – also eine Halbgeschwisterpaarung. Daraus ging dann Achill 1265 hervor, ein Blutlinienbegründer der Holsteiner Zucht. Im Pedigree ist gehäuft das Blut von Burlington Turk zu finden, so daß hierdurch eine im Erbgut besonders gefestigte Hengstlinie entstand. Die Achill-Linie mit ihren bedeutenden Vertretern wie Tobias, Favorit, Fanal, First, Fanatiker,

Fähnrich und dem heute so bedeutenden Farnese mit seinen berühmten Söhnen beweisen die Durchschlagkraft dieser für die Holsteiner Zucht wohl bedeutendsten Linie.
Die Häufung von Burlington Turk über die väterliche und mütterliche Linie ist offensichtlich, hinzu kommt über Achill 582 die Inzucht auf Brillant.
Über Methoden der Tierzucht wurde im vorigen Jahrhundert viel diskutiert und die unterschiedlichsten Theorien aufgestellt. Für die Pferdezucht waren die Bücher von Weckherlin, Settegast, von Nathusius, Schwarznecker und das umfassende Werk von Graf Wrangel richtungsweisend.
Für die Holsteiner Zucht darf auch der Name de Chapeaurouge nicht fehlen, der durch seine Inzuchtforschung bekannt wurde. Im vorigen Jahrhundert waren durch Inzucht Rassen entstanden, die durch ihre Leistungsfähigkeit und Gleichartigkeit Weltruhm erlangten. Der Engländer Bakewell machte seine Versuche mit Schafen und Rindern. Er züchtete das neue Leicester-, später auch Dishley-Schaf genannt, und das weltberühmte Longhorn-Rind. Seine Nachfolger Collins und vor allem Bates entwickelten

Abb. 3. Achill 1265, der Begründer der wohl bedeutendsten Blutlinie der Holsteiner Zucht

unter Benutzung der Inzucht das Shorthorn-Rind, das im vorigen Jahrhundert zum bekanntesten Fleischproduzenten wurde. Diese Gedankengänge der Konsistenz in der Zucht verbreiteten sich sehr rasch, und die bedeutenden Vertreter der damals überall entstehenden Züchtervereinigungen wandten diese Theorien praktisch an. De Chapeaurouge wirkte bei der Erstellung der Stutbücher wesentlich mit und gab der Holsteiner Zucht viele Anregungen. Die Auswahl und der Einsatz der Hengste gab für die züchterische Fortentwicklung die größten Impulse. Neben den bereits erwähnten drei Stammvätern kristallisierten sich Hengstlinien heraus, die zwar heute in den väterlichen Blutlinien erloschen sind, aber in den Stutenstämmen weiterleben, ähnlich wie der Hengst Burlington Turk.
Das Denken in Linien und Stämmen und die Konzentration auf immer wiederkehrende Abstammungen trugen dazu bei, das Holsteiner Pferd in seiner speziellen Eigenart bis zum heutigen Tag zu erhalten. Neben dem für die heutige Zucht bedeutungsvollsten Hengst Achill 1265 waren es Adjutant 1500 von Midas 1373 aus der Aniketa 1056 von Brillant 1121, Ethelbert 1197 von St. Fagans xx 870 aus der Adolphine 6 von Hannibal 944, Cicero 1608 von Julius 1344 (Hannover) aus der Fregatte von Ethelbert 1197, Amurath 1981 von Amurath ox aus der Shagya V von Shagya V, sowie der unbedeutende Füsilier 1761. Eine Beschreibung der Hengstlinien gibt gleichzeitig einen Überblick über die gesamte Zuchtrichtung. Trotz der modernen Erkenntnisse und bei allen Vorbehalten, die bei einem einseitigen Liniendenken auftreten, kann am Beispiel der Blutlinien die züchterische Entwicklung sehr gut dargestellt werden.
Adjutant 1500, ein Sohn des auf ostpreußisch-hannoverscher Grundlage gezüchteten Hengstes Midas 1373 aus der Stute Aniketa, die auf Brillant und Burlington Turk zurückzuführen ist, war selbst ein Hengst, der nicht dem Ideal eines holsteinischen Marschhengstes entsprach. Sein mit viel Fremdblut durchsetztes Pedigree mit Ostpreußen, Vollblütern, Hannoveranern und Coach-Hengsten zeigt wenig Einheitlichkeit. Er war zwar ein Hengst mit Adel, Trockenheit und Gang, aber geringer Herztiefe und ungenügender Schweifhaltung. Doch züchterische Zufälle bei einer vielleicht unbeabsichtigten Passerpaarung führten über die Stute Dampfschiff in der mütterlichen Linie auf Owstwick und Burlington Turk zurück. Sie wurde in der Seestermüher Marsch von Jacob Meyn aus Rosengarten bei Uetersen gezüchtet. Die Söhne Ali und Falb haben durch ihre Söhne die Zucht des holsteinischen Marschpferdes stark beeinflußt. Ali stellte 33, Falb 40 Söhne, die über ihre weiteren Nachkommen speziell den Typ des noblen Karossiers verkörperten. Namen wie Landgraf, Nenndorf, Nestroy aus dem Alizweig der Adjutant-Linie tauchen in den heutigen Mutterstämmen immer wieder auf. Das gleiche gilt für die Söhne des Hengstes Falb, der zu seiner Zeit wohl

Abb. 4. Adjutant 1500 v. Midas 1373 a.d. Aniketa v. Brillant, entsprach selbst nicht dem Ideal eines holsteinischen Marschhengstes.

einer der bekanntesten Wagenpferd-Erzeuger war. Für diesen Zweig gilt der Falb-Sohn Schiller mit dessen Sohn Meisterschuß zu den größten Verbreitern dieser Linie. Hengste wie Meiler, Meisterstück, Meisterschüler und Meisterläufer gehörten in den dreißiger Jahren zu dieser weit verbreiteten Linie. Ein weiterer Stamm führt über Nuntius zu Nubier und Nuba, die bis in die fünfziger Jahre als Produzenten guter Gebrauchspferde geschätzt waren.

Ethelbert 1197 war ein Stutenmacher, während seine Hengstlinie nur über 3 Söhne weiterführt: Lord und Young Ethelbert, die beiden bedeutendsten Söhne, vererbten ihre guten Anlagen über die Hengste Elegant und Weidmann weiter, so daß die männlichen Nachkommen dieser Linie zu den berühmten Holsteiner Springpferden führen. Der Hengst Ethelbert 1197 war ein Vollblutsohn von St. Fagans xx 870, der 1871 von England importiert wurde und nur wenige Jahre in Grevenkop, Kreis Steinburg, gedeckt hat. Ethelbert wurde 1874 geboren und stammt mütterlicherseits von der Stute

Abb. 5. Ethelbert 1197 v. St. Fagans xx a.d. Adolphine 6, war ein ausgesprochener Stutenmacher.

Adolphine 6 ab; einer auf Burlington Turk und Owstwick ingezüchteten Stute. Er war ein eleganter, sehr edler Hengst in schönem Rechteckrahmen, der auf den Stationen Grevenkop und Krempe hochwertiges Stutenmaterial und eine große Zahl edler Luxuswallache produzierte. Über seinen Sohn Lord und seinen Enkel Elegant, der eine Falb-Mutter hatte, führt diese Hengstlinie weiter zu Lorbeer, der von 1922 bis 1937 in Krempe stationiert war und 15 Söhne für die Zucht lieferte. Seine bedeutendsten Söhne Lortzing und vor allem Loretto, der bis 1947 in Haselau deckte, produzierten für die Holsteiner Zucht Hengste und Stuten, die dazu beitrugen, die sprichwörtliche Leistungsbereitschaft des Holsteiner Leistungspferdes weit über die Grenzen des Landes hinaus bekannt zu machen. Nachkommen wie Lopshorn, Lohengrin, Loßberg I, Logenschließer und in neuerer Zeit Gaugraf, Galapeter I, Gastronom und der Springpferdevererber Ganeff gaben die guten Eigenschaften weiter und bilden noch heute ein wertvolles Reservoir in den alten Stutenstämmen.
Einen weiteren Zweig dieser so vielseitigen Hengstlinien begründete der Elegant-

Sohn Mackensen. Von 1923 bis 1944 stand er in der Zucht und gab seine Schimmelfarbe zum größten Teil an seine Nachkommen weiter. Bekannt waren besonders die Söhne und Enkel Makler, Makart, Mahdi, Maki und Matador, sowie der in den fünfziger Jahren auf vielen Bundes- und Landesschauen ungeschlagene Marder, der den damals erwünschten Wirtschaftstyp in idealer Weise verkörperte.
Den wohl wichtigsten Zweig dieser Hengstlinie begründete der auf Heinz – Weidmann – Young Ethelbert zurückgehende Heintze, der von 1928 bis 1945 zur Zucht eingesetzt wurde und 38 männliche Nachkommen stellte. Seine Söhne Heinitz, Heino und Heimburg trugen zur Verbreitung dieser Linie bei und waren berühmt wegen ihrer Leistungsveranlagung. Wer denkt nicht bei dem Namen Heidefreund I an die noblen Wagenpferde, mit denen der mehrfache Deutsche Meister Franz Lage von Sieg zu Sieg fuhr, oder an Heißsporn, dessen Enkel Granat unter Christine Stückelberger sich zum weltbesten Dressurpferd entwickelte. Der Heino-Sohn Orient wurde von Hans Günter Winkler genauso wie der Heinzelmann-Enkel Romanus im Springsport von Sieg zu Sieg geritten. Im Militarysport ist es der auf Heidelberg ingezüchtete

Abb. 6. Cicero 1608 aus der Ethelbert-Tochter Fregatte 317, ein starkes Reitpferd mit vorzüglicher Bemuskelung und Vererber bedeutender Springveranlagung

Albrant, der unter seinem Reiter Herbert Blöcker in der deutschen Equipe als zuverlässigstes Pferd auf Olympiaden, Welt- und Europameisterschaften galt.
Die kleineren Hengstlinien, wie Amurath ox, Cicero und Füsilier haben heute nur noch begrenzten Einfluß auf die Zucht. Der Vollblutaraber Amurath ox, der in verschiedenen deutschen Zuchtgebieten zum Einsatz kam, erzeugte in Holstein zu seiner Zeit moderne Reitpferde. Über den Stutenstamm 628 b mit der Stute Pracht von Zauberer, einem Enkel von Amurath ox, wurde die Schimmelfarbe auf Mackensen vererbt. Diese in Holstein im Grunde nicht sehr beliebte Farbe verbreitete sich über Mackensen – einem Vertreter der Ethelbert-Linie – sehr stark und ist noch heute in vielen alten Stutenstämmen wiederzufinden.
Cicero 1608, aus dem Stutenstamm 355 hervorgegangen, war ein Sohn der Ethelbert-Tochter Fregatte, die 6 gekörte Söhne hatte und über ihre Tochter Thekla in der Anpaarung mit Amurath ox für die Verbreitung dieser Linie sorgte. Cicero war der Prototyp eines starken Reitpferdes mit vorzüglicher Bemuskelung. Der Hengst deckte während seines ganzen Lebens in der Kremper Marsch. Hier fand er über seine Mutter Fregatte den entsprechenden Blutanschluß und konnte in dieser geglückten Kombination seine Ausdauer und sein Springvermögen über die Nachkommen Kürassier und Dragoner weiter vererben. Bekannte Springpferde, wie der weltberühmte Meteor, führen in ihren Abstammungen gehäuft Blut des Hengstes Cicero.
Die unbedeutendste Hengstlinie begründete der in der mütterlichen Linie auf Brillant und Achill zurückführende *Füsilier*. Von seinen Nachkommen wird lediglich berichtet, daß sie von gutem Temperament waren und sich für die landwirtschaftlichen Arbeiten sehr gut eigneten.
Nur ein einziger Hengststamm hat sich in der männlichen Linie bis heute erhalten und beeinflußt in der direkten Folge von Achill über Tobias – Favorit – Fanal – Fanatiker – Fachmann – Fähnrich – Farnese nachhaltig die moderne Holsteiner Pferdezucht. Nach dem Stammvater Achill ist sein Sohn Tobias der wesentliche Träger dieser Linie. Im Pedigree dieses Hengstes sind alle wichtigen Blutlinien der Holsteiner Zucht vereinigt. So finden wir bei seinem Vater Achill gehäuft das Blut von Burlington Turk und Brillant, während auf der mütterlichen Seite in der Stute Urania die Hengste Cicero, Ethelbert, Owstwick und Midas 1373 – Vater von Adjutant – vorhanden sind. Tobias wurde 1904 geboren und von E. Thormählen aus Raa bei Elmshorn gezüchtet. Er war der beliebteste Beschäler seiner Zeit und beeinflußte die Holsteiner Pferdezucht in den Jahren von 1907 bis 1928 nachhaltig. Bis ins hohe Alter war er lebhaft und temperamentvoll. Die typische Holsteiner Farbe, das von Burlington Turk stammende klare Braun, gab er wie seine Springveranlagung an seine Nachkommen weiter. Seine wertvollsten Söhne waren First und Favorit. Beide Hengste, insbesondere der letzt-

genannte, standen der Zucht bis in die vierziger Jahre zur Verfügung und sind in den Pedigrees der heute gezüchteten Pferde sehr gesucht. Der Favorit-Sohn Fanal, von 1937 bis 1952 in Krempe stationiert, hat wohl den nachhaltigsten Eindruck hinterlassen. Er lieferte 25 Hengste, darunter den 1940 geborenen Fanatiker, der die Achill-Tobias-Linie erfolgreich fortsetzte. Typisch für diese Linie ist die Vererbung der Springveranlagung. Viele international bekannte Springpferde aus der Zeit vor und nach dem Zweiten Weltkrieg sind aus diesem Hengststamm hervorgegangen. Namen wie Friderikus, Fürstin, Winzige, Bianca, Nemo, Baden und Original Holsatia mögen hier für viele andere stehen.

Ein weiterer Zweig der Achill-Linie führt über Meister – Simson – Diktator – Dias – Diamant – Diskus zu Meteor, dem zuverlässigsten Springpferd der Geschichte. Unter seinem Reiter Fritz Thiedemann hat »der Dicke« 150 Siege in M- und S-Springen gewonnen, darunter 3 Olympiaden mit Medaillengewinnen.

Die Erkenntnis, daß eine konsequente Hengsthaltung den größten Zuchtfortschritt bringt, führte in den Jahren nach dem Ersten Weltkrieg zu einer immer engeren Zusammenarbeit des Zuchtverbandes mit dem Landgestüt. Die wirtschaftlichen Nöte zwangen dazu, Züchterschaft und Gestütsverwaltung enger aneinander zu binden. Nach dem Verkauf der Verbandshengste an das staatliche Hengstdepot in Traventhal im Jahre 1927 war schließlich das Eis gebrochen. Der tatkräftige Einsatz der Landstallmeister mit ihrem Stamm gut ausgebildeter Sattelmeister und Gestütswärter trugen dazu bei, das Marschpferd weiterzuentwickeln und durch den oft sehr lange währenden Einsatz guter Vererber für das züchterische Fundament zu sorgen, auf dem heute weitergebaut werden kann. Die Namen Wachs, Reuter und Grote als Leiter des Landgestüts Traventhal sind eng mit der Geschichte des Holsteiner Pferdes in der Zeit von 1912 bis 1960 verknüpft. Im Zweiten Weltkrieg und in den Jahren danach bis etwa 1955 erlebte die Pferdezucht allgemein einen gewaltigen Aufschwung. Auf den 62 Stationen des Landgestüts Traventhal deckten 204 Holsteiner und 2 Hannoveraner Hengste insgesamt 19 061 Stuten. In den folgenden Jahren ging aufgrund der fortschreitenden Motorisierung die Pferdezucht so stark zurück, daß am Ende der fünfziger Jahre nur noch rund 1300 eingetragene Zuchtstuten vorhanden waren. 61 Hengste standen noch im Landgestüt, waren jedoch kaum ausgelastet. In leidenschaftlichen Debatten im schleswig-holsteinischen Landtag wurde daraufhin über Auflösung oder Fortbestand des Landgestüts diskutiert, mit dem Ergebnis, daß die finanzielle Lage des Landes die Privatisierung der Hengsthaltung erzwang. Mit großer Einmütigkeit sprachen sich die Züchter für die Erhaltung des Hengstbestandes und Übernahme durch den Zuchtverband aus. In einer spektakulären Auktion, die mehrfach von den Züchtern durch Absingen des Schleswig-Holsteiner Liedes unterbrochen wurde, konnte der Verbandsvorsitzende 30 Holsteiner Hengste und 3 Vollblüter für die neue Verbandshengsthaltung erwerben zu Preisen, die mit Sicherheit weit unter dem Wert der Hengste lagen. 86 Jahre Gestütsgeschichte fanden damit ihren Abschluß.

Die Zucht des Holsteiner Pferdes bis zum Jahre 1960

Bereits im Jahre 1830 wurde in der Kremper Marsch der erste Pferdezuchtverein gegründet, der jedoch später in einem allgemeinen landwirtschaftlichen Verein aufging. Wichtigste Aufgabe dieser bald auch in anderen Bezirken entstehenden Vereine war die Durchführung von Tierschauen mit Prämiierungen der Stuten und Hengste. Erst in den Jahren 1883 bis 1897 wurden spezielle Pferdezuchtvereine gegründet, die dann zum »Verband der Pferdezüchter in den holsteinischen Marschen« zusammenwuchsen. Schwerpunkte der Zucht des Holsteiner Pferdes lagen in den Elbmarschen und in Dithmarschen mit den angrenzenden Geestgebieten der Kreise Pinneberg und Steinburg. Die übrigen Bezirke Schleswig-Holsteins schlossen sich für die Züchtung eines Warmblutpferdes überwiegend auf hannoverscher Grundlage 1896 zum »Verband der Pferdezuchtvereine der Schleswig-Holsteinischen Geestlande« zusammen. Die Landwirtschaftskammer als Organ der Selbstverwaltung sorgte für eine Abgrenzung der Zuchtgebiete. Der Norden, also der Landesteil Schleswig, wurde für die Zucht des Schleswiger Kaltblutpferdes, der Mittelrücken und das östliche Hügelland für das Geestpferd und die holsteinischen Marschbezirke mit den vorher genannten Geestbezirken für das Holsteiner Pferd reserviert.
Die sehr intensive Verbandsarbeit unter der Führung von Georg Ahsbahs führte schon bald zu großen Erfolgen. Die Wanderausstellungen der Deutschen Landwirtschaftsgesellschaft (DLG) wurden 1887 in Frankfurt am Main und 1888 in Breslau mit jeweils 8 Stuten beschickt, die viele und hohe Preise errangen. Auch an der DLG-Ausstellung in Magdeburg 1889 und der großen Pferdeschau in Berlin 1890 nahmen Holsteiner Pferde mit Erfolg teil.
In den folgenden Jahren reihten sich diese Schauerfolge aneinander. 1894 auf der großen Pferdeschau in Berlin gelang es mit 78 Ausstellungspferden die meisten Preise mit nach Hause zu nehmen, wodurch eine starke polemische Pressekampagne der anderen Zuchtgebiete ausgelöst wurde. Besonderen Ruhm erwarben sich die Holsteiner Pferde auf den damals sehr bedeutungsvollen Weltausstellungen.
1893 Chicago: Beschickt mit 14 Zuchtpferden des Verbandes. Siegerpreis als bestes

Kutschpferd der Welt für Hengst Moltke 1502 von Matador 1390 aus der Abigail 1007, Stamm 1045, Züchter: Dietrich Hägemann, Groß Sonnendeich.
1900 Paris: Beschickt mit 12 Pferden, davon 4 erste, 2 zweite, 3 dritte Preise und eine Anerkennung. Gewinnsumme 5 400 Goldfrancs oder 4 320 Goldmark, nach heutigem Wert etwa 80 000 DM.
1904 St. Louis: Alle holsteinischen Hengste preisgekrönt.
1910 Buenos Aires: Gewonnen: 19 Preise, davon ein Championat, 3 erste, 4 zweite und 1 dritter Preis.
Die Folge dieser Schauen war die weltweite Anerkennung des Holsteiner Pferdes, verbunden mit Ankäufen von Interessenten aus Nord- und Südamerika. Am 29. Juli 1892 wurde das Gestütbuch der holsteinischen Marschen von der Regierung der Vereinigten Staaten von Nordamerika anerkannt und damit die Voraussetzung für die zollfreie Einfuhr von Pferden aus Holstein mit einer lückenlosen bis zur 5. Generation reichenden Ahnentafel geschaffen. In der Zeit von 1889 bis 1914 wurden 99 Hengste nach Nord- und 15 nach Südamerika exportiert.
Der Erste Weltkrieg zerschlug diese florierende Geschäftsverbindung. Erst in jüngerer Zeit hat es wieder Anknüpfungspunkte gegeben, die auf die sportlichen Erfolge von Holsteiner Pferden auf der Olympiade in Montreal 1976 zurückzuführen sind. Zur damaligen Zeit waren es die großen Schauen, die zu solchen wirtschaftlichen Erfolgen verhalfen, da der Turniersport noch in den Kinderschuhen steckte.
Die Zeit von 1914 bis 1935 war durch Krieg, Inflation und die Weltwirtschaftskrise beeinflußt. Die Landwirtschaft rang um ihre Existenz. Konkurse auf den Bauernhöfen waren nicht selten, und der Gerichtsvollzieher ging oft auf den Höfen ein und aus. In diese Zeit fällt auch die Landvolkbewegung, die in Schleswig-Holstein und hier besonders im viehstarken Westküstengebiet aktiv wurde. Dithmarscher und Eiderstedter Bauern wie Klaus Heim und Johann Hamkens organisierten eine Selbsthilfe, die zu Protesten in der Presse und zu Demonstrationen führte, aber leider dann zu Bombenanschlägen ausartete.
In solcher Umwelt konnte nur der konservative Geist der bäuerlichen Züchter den Fortbestand der Pferdezucht garantieren. Die Erhaltung der wertvollen Stutenstämme ist der Verdienst dieser Bauern, die bereit waren, auch für geringe Erlöse ihre Pferdezucht weiter zu betreiben. 1926 und 1927 wurden die Verbandshengste an das Landgestüt verkauft und damit eine enge Zusammenarbeit mit Zuchtverband und Gestütsverwaltung geschaffen. Die Konzentrationsbestrebungen des Dritten Reichs machten auch vor der Pferdezucht nicht halt. Ohnehin hatte der Geestverband mit dem Marschverband eine Annäherung durch Gründung einer Arbeitsgemeinschaft gesucht. Am 1. Januar 1935 wurden beide Verbände auf Anordnung des Reichsnährstandes zum

»Verband der Züchter des Holsteiner Pferdes e.V.« zusammengeschlossen. Der Verband hatte seinen Sitz in Elmshorn. Seine Zielsetzung war im § 3 der Satzung wie folgt festgelegt:

»Der Züchterverband ist ein gemeinnütziger Verein. Seine Aufgabe ist die Förderung der Zucht des Holsteiner Pferdes im Dienst an der allgemeinen Landespferdezucht, im besonderen der Remontezucht. Sein Zuchtziel ist der › Holsteiner ‹, ein edles kräftiges Reit- und Wagenpferd mit starken Knochen und hohen, räumenden Gängen. Das durch den Zusammenschluß der beiden Warmblutverbände hineingebrachte hannoversche Blut wird anerkannt und weiter zugelassen.
Mittel zur Erreichung des Zweckes des Verbandes sind:
1. Gestütbuchführung und Herausgabe von Gestütbüchern.
2. Körung der Stuten.
3. Prämiierungen, Ausstellungen und Leistungsprüfungen.
4. Belehrung der Bauern und Landwirte auch über den Kreis der Mitglieder hinaus über planmäßige Züchtung, Fütterung, Haltung und Pflege der Pferde durch Vorträge und Veröffentlichungen auf dem Druckwege, sowie durch Raterteilung und Begutachtung.
5. Ausnutzung aller sonstigen zur Förderung der Pferdezucht vorhandenen Einrichtungen.«

Die Zucht war demnach auf Remonte-Produktion ausgerichtet mit dem Ziel, neben Pferden für die Landwirtschaft Remonten für die Artillerie zu liefern.
In den Jahren nach 1935 bis etwa 1955 erlebte die Holsteiner Pferdezucht eine Blütezeit, die geprägt war durch die starke Nachfrage nach jungen Pferden für den Aufbau der Wehrmacht im Zweiten Weltkrieg und in den Nachkriegsjahren durch den großen Bedarf der Landwirtschaft. Zur gleichen Zeit entwickelte sich der Pferdesport, der auf ländlicher Basis von Gustav Rau ins Leben gerufen wurde.
Die bewahrende Hand des Landgestüts pflegte die berühmten Hengste, die als Vererber von Springpferden aus Holstein in der ganzen Welt berühmt wurden. Es stellte sich sehr bald heraus, daß die hohen räumenden Gänge der Holsteiner Karossiers aufgrund ihrer Mechanik, Hebelwirkung und Bemuskelung für den Springsport prädestiniert waren.
Die deutschen Reiter, unter ihnen zahlreiche Offiziere, ritten mit Holsteiner Pferden von Sieg zu Sieg und sorgten dafür, daß der deutsche Pferdesport zum besten der Welt wurde. Die Namen dieser Springpferde aus den dreißiger Jahren sind so zahlreich, daß nur einige berühmte genannt werden sollen:

Egly, geb. 1921, war 1933 erfolgreichstes Springpferd im deutschen Turniersport, unter seinen Reitern G. Temme und A. Holst. 1935 war er Sieger des Hamburger Springderbys. Der Vater von Egly war Zieten, der von Tobias abstammte.

Wange, geb. 1923: viele Siege und Plazierungen im Ausland, z.B. in Nizza und London. Der Vater Kompass geht über Diktator – Simson – Meister auf Achill zurück und gehört zur gleichen Linie, aus der Meteor hervorgegangen ist.

Tora, geb. 1924: Gewinnerin der Goldmedaille in der Einzel- und Mannschaftswertung bei den Olympischen Spielen in Berlin 1936. Abstammend von Capenor aus der Thula.

Nordland, geb. 1927: Goldmedaille in der Mannschaftswertung bei der Olympiade 1936 in Berlin und Siegerin des Hamburger Springderbys 1938. Vater der Stute war Nutznießer, der über Heinz – Weidmann auf Ethelbert zurückzuführen ist.

Landrat, geb. 1927: Sieger im Hamburger-Springderby 1936; von Obotrit abstammend, einem Sohn von Favorit, der auf Tobias und Achill zurückgeht.

Weiter wären zu nennen: Winzige von First, Gisela von Favorit und Bianca von Tobias, Springpferde, die aus der Achill-Tobias-Linie hervorgegangen sind.

Sehr gepflegt wurde in diesen Jahren der Fahrsport, der, ausgehend von den Achenbachschen Regeln, von einem Könner wie Fellgiebel, dem Direktor der Reit- und Fahrschule Elmshorn, zur Vollendung geführt wurde. Pferde wie Athene und Kokarde aus dem Besitz von Geheimrat Talbot, Aachen, fuhren damals von Sieg zu Sieg.

Der Zweite Weltkrieg setzte diesem friedlichen Wettbewerb ein jähes Ende. Das Pferd hatte andere Aufgaben zu erfüllen, und die heimischen Züchter mußten produzieren, um den Bedarf an Heerespferden decken zu können. Hierzu kam nach den ersten Jahren des

Abb. 7. Die Stute Nordland, Mitgewinnerin der Goldmedaille in der Mannschaftswertung 1936 in Berlin und Siegerin des Hamburger Springderbys 1938, ist nur eines aus der großen Anzahl hervorragender Holsteiner Springpferde der dreißiger Jahre.

Rußlandfeldzuges ein starker Export von Hengsten und Stuten für den Aufbau der Pferdezucht in den Ostgebieten, speziell im Kurland. Im Hengstregister des Verbandes finden sich bei den Hengsten serienweise Eintragungen mit dem Vermerk: »Requiriert für die Ostgebiete.«

Durch diese forcierte Erzeugung von Gebrauchspferden dehnte sich die Zahl der Zuchtstuten und Hengste zwangsläufig mit aus. Während in den zwanziger und dreißiger Jahren der Hengstbestand noch übersichtlich blieb und fast jedes Züchterkind die berühmten Hengste oder auch ihre Vorfahren kannte, kam es durch die ungewöhnlich große Ausweitung des Pferdebestandes zu einer Verstärkung ganz bestimmter Hengstlinien. Die Ursache ist darin zu suchen, daß der Hengstnachwuchs vor allem in den Kernzuchtgebieten gezüchtet wurde und daß hierdurch bestimmte Hengste zu Vätern vieler männlicher Nachkommen wurden, die dann wieder in die Zucht gelangten. Beispiele hierfür sind die Hengste Fanal, von 1937 bis 1952 in der Zucht, mit 25 Söhnen; Meisterschuß, von 1923 bis 1942 im Einsatz, mit 23 Söhnen; Loretto, von 1935 bis 1947 auf Station, mit 37 Söhnen; Makler I, von 1932 bis 1951 im Zuchteinsatz, mit 24 Söhnen; Nordhäuser, stationiert von 1924 bis 1946, mit 27 Söhnen und Heintze, von 1928 bis 1945 als Beschäler tätig, mit 58 Söhnen.

Vor allem die Hengststationen Haselau, Siethwende, Krempe, Wilster und Marne waren die Zentralen für die Lieferung von Hengstanwärtern. Die in diesem Raum gezüchteten Vatertiere verbreiteten die wertvollen Holsteiner Stämme über das ganze Land und über seine Grenzen hinaus. Ein wenig verständlich ist es schon, wenn die Züchter der Kremper Marsch etwas überheblich sagten, daß ein Pferd, das den Kirchturm von Krempe nicht gesehen habe, überhaupt kein Pferd sei. Alte Züchtertradition spricht aus diesen Worten und das Bewußtsein, daß aus den guten Stutenstämmen der Marsch immer wieder Spitzenqualitäten hervorgingen.

In der ersten Zeit nach dem Zweiten Weltkrieg mit dem Zusammenbruch des Deutschen Reiches glaubte zunächst wohl niemand daran, daß innerhalb weniger Jahre Pferdezucht und Pferdesport einer neuen Blütezeit entgegengehen würden. In den Jahren der strengen Bewirtschaftung durch die Militärregierung, der Überflutung Schleswig-Holsteins mit den Resten der deutschen Wehrmacht und zahllosen Flüchtlingstrecks war alles Denken nur auf die Deckung des täglichen Bedarfs gerichtet. Es gab buchstäblich nichts mehr, nur Pferde gab es reichlich. Mit rund 20 000 Stuten in den ersten Nachkriegsjahren erreichte der Holsteiner Verband eine nie dagewesene Zahl von Zuchtmaterial. Schon früh gab es erste schüchterne Versuche, den Pferdesport wieder anzukurbeln. Der Gedanke von Gustav Rau: »Ländliche Reiter auf ländlichen Pferden« war nie so wach wie in diesen Jahren. Nur wer sie erlebt hat, wird ermessen können, mit welcher Begeisterung die Reiterjugend diese Idee aufgriff

und nach der Feldarbeit die Pferde sattelte, um für das sonntägliche ländliche Turnier zu trainieren. Weite Wege spielten keine Rolle. Die Pferde waren durch die tägliche Arbeit in guter Kondition, und manche Stute und mancher Wallach mögen sich gewundert haben, wenn ihnen nach der Anfahrt zum Turnierplatz das Sielengeschirr abgenommen und der Sattel aufgelegt wurde, um dann in Dressur oder Springen mit ihren Artgenossen in Konkurrenz zu treten.
Von echtem Sportsgeist waren diese Veranstaltungen getragen. Es ging zwar um Schleifen oder auch einen Ehrenpreis, aber Geld war knapp, kosten durfte es nicht viel, höchstens auf den anschließenden Reiterbällen, die der sportlichen Kameradschaft dienten. Die Pferde warteten geduldig vor der Haustür und zogen die Wagen ohne Angst vor Führerscheinkontrollen mit ihrer lustigen Fracht sicher nach Hause.
Die gutartigen, leistungsbereiten Holsteiner gerieten bei dieser vielseitigen Anforderung nicht aus der Fassung. Schon bald wurden die Spitzenreiter wieder auf die Springtalente aus Holstein aufmerksam. Aus dem schier unerschöpflichen Reservoir bediente sich der Sport mit erstklassigen Pferden. Käthe Schmidt-Metzger gewann

Abb. 8. Fritz Thiedemann errang auf Loretto von Lombard 1950 seinen ersten Sieg im Hamburger Springderby.

Abb. 9. Fritz Thiedemann. Die in den fünfziger Jahren beginnende neue Ära des Holsteiner Pferdes ist auf engste mit seinem Namen verknüpft.

1949 das erste Hamburger Springderby nach dem Kriege mit Fenek von Fasan, einem Vertreter der Achill-Tobias-Linie. 1950 erfolgte der erste Sieg von Fritz Thiedemann in der gleichen Prüfung mit Loretto von Lombard. Im gleichen Jahr und ein Jahr später, 1951, gewann der Elmshorner Fahrmeister H. Butz mit den Holsteiner Viererzügen: Optimo, Kurfürst, Raute, Basodine und Raute, Parmite, Bandonia, Charlottchen das Hamburger Fahrderby.
Diese Erfolge leiteten eine neue Ära des Holsteiner Pferdes ein, die eng mit dem Namen Fritz Thiedemann verknüpft ist. Springpferde in großer Zahl wurden im Elmshorner Stall ausgebildet und traten ihren Siegeszug auf den Turnierplätzen in Deutschland an. Neben Thiedemann waren es Reiter und Reiterinnen wie H.G. Winkler, Anna Clement, Sönke Sönksen, Hermann Schridde, Kurt Jarasinski und viele andere mehr, die sich auf die »Jumper« aus Holstein verließen und viele Erfolge erzielen konnten. Groß ist die Liste dieser erfolgreichen Pferde, die bis 1960 national und international sportliche Maßstäbe setzten. Neben dem einmaligen Meteor, über den noch zu berichten sein wird, wären vor allem zu nennen:
Godewind von Galan aus der Ethelbert-Lord-Elegant-Lorbeer-Linie;
Romanus von Ramzes, der nach dem Krieg eine neue Linie begründete;
Tamino von Lohengrin, über Loretto auf Elegant-Lord-Ethelbert zurückgehend;
Nico von Mahdi II, über Makler I und Mackensen auf Elegant zurückführend;
Orient von Heino, über Heintze – Weidmann ebenfalls aus der Ethelbert-Linie;
Baden von Fanal, dem bedeutenden Vertreter der Achill-Tobias-Favorit-Linie;
Original Holsatia mit dem gleichen Vater wie Baden;
Diamant von Diskus, Halbbruder zu Meteor;
Heinke von Heino aus dem Weidmann-Stamm der Ethelbert-Linie.
Aber auch in den anderen Disziplinen des Reitsports gab es Erfolge, wenn auch nicht

Abb. 10. Godewind unter Fritz Thiedemann

so spektakulär und publikumswirksam wie im Springen: Vroni Meier-Johann gewann in Dressurprüfungen mit der Wanderfalk xx-Tochter Waldfee, aus einem alten Haselauer Stutenstamm gezüchtet, die stolze Gewinnsumme von insgesamt 109 854 DM. Der Wanderfalk xx-Sohn Arcadius und der Heissa-Sohn Aar trugen Dr. Reiner Klimke von Sieg zu Sieg. Heinrich Boldt konnte mit dem Lux-Sohn Brokat aus der

Abb. 11. Waldfee unter Vroni Meier-Johann

Elegant-Lord-Ethelbert-Linie viele Erfolge erzielen, und die Neiding-Tochter Fama aus dem Tobias-Zweig der Achill-Linie verhalf Ria Hobelsberger zu großen Dressurerfolgen.

Doch leider fiel die breite Basis der Pferdezucht in ganz Deutschland mehr und mehr der Motorisierung zum Opfer. Steigende Landarbeiterlöhne, die Geschwindigkeit der maschinellen Bodenbearbeitung, rationelles Denken der Bauern und Konkurrenz durch hohe Erlöse aus der Fleisch- und Milchwirtschaft führten zu einer schnellen Dezimierung der Pferdebestände. Hinzu kam, daß nach dem Kriege der sogenannte Wirtschaftstyp in der Pferdezucht bevorzugt wurde, wodurch der Weg in eine Sackgasse führte. Nur das völlige Umdenken – weg von der landwirtschaftlichen Zugkraft und hin zu einem vielseitigen Sportpferd – konnte die Situation retten.

Schon der letzte Landstallmeister von Traventhal, Dr. Grote – ein feinsinniger Hippologe –, hatte erkannt, daß in der Zukunft nur ein veredeltes Pferd den modernen

Abb. 12. Aar mit Dr. Reiner Klimke als Sieger im Hamburger Dressur-Derby 1960

Ansprüchen des vielseitigen Sports gerecht werden konnte. Er entschloß sich, wie seine Vorgänger in dosierter Form Vollbluthengste einzusetzen. Diese sehr sparsame Dosierung führte jedoch nicht zu dem erwünschten schnellen Modernisierungseffekt. 15 Vollbluthengste kamen in der Zeit von 1918 bis 1960 zum Einsatz, darunter so bekannte wie Der blaue Vogel, Theoderich, Trebonius, Anblick, Gauner, Alabaster, Wüstensohn, Wanderfalk, Reinald und Frivol.

Als 1960 das Landgestüt aufgelöst wurde, gingen 30 Holsteiner und die 3 Vollblüter Frivol, Wanderfalk und Anblick in den Verbandsbesitz über. Mit diesem zeitlichen Abschnitt beginnt eine neue Phase der Holsteiner Pferdezucht, die 10 Jahre dauern sollte und ganz auf Modernisierung und Veredelung ausgerichtet war.

Die Veredelungsphase von 1960 bis 1970

Nicht nur die Auflösung des Landgestüts, sondern die gesamte Situation der Pferdezucht und -haltung dieser Zeit setzte einen Schlußpunkt unter einen Betriebszweig, der in den Jahrhunderten zuvor für den Landwirt eine fest kalkulierbare, rentable Einnahme bedeutet hatte. In Deutschland wie in allen anderen Industrienationen hatte der Motor die traditionelle Zugkraft in den landwirtschaftlichen Betrieben abgelöst. Schleswig-Holstein als fortschrittlichstes Agrargebiet Westdeutschlands mit einer um 1960 durchschnittlichen Betriebsgröße von 25 ha war konsequent den Weg der

Rationalisierung und Mechanisierung gegangen, ehe an Beihilfen von seiten der Europäischen Gemeinschaft zu denken war. Das führte verständlicherweise zu einer radikalen Verringerung des Pferdebestandes. Am schwersten betroffen waren die Kaltblutzüchter, die praktisch in wenigen Jahren von einer ungeahnten Blüte zum Nichts dahinschwanden. Der Bestand des Rheinisch-Deutschen Kaltblutpferdes, einst schärfster Konkurrent des Schleswigers im nördlichsten Bundesland, schmolz innerhalb weniger Jahre von 10 000 eingetragenen Stuten auf 20 zusammen, so daß bereits 1965 der Zuchtverband aufgelöst wurde. Der Schleswiger als traditionelles Arbeitspferd in Schleswig-Holstein hielt sich etwas länger, aber der Abstieg von 20 000 Stuten um 1950 bis zu einem Rest von 60 Stuten im Jahre 1978 zeigt auch hier eine parallele Entwicklung. Nur durch einen organisatorischen Kunstgriff und durch die Passion einiger weniger Züchter war es möglich, dieses Pferd in begrenztem Umfang zu erhalten.
In der Warmblutzucht sah es ähnlich aus. Das immer schwerer gezüchtete Wirtschaftspferd der fünfziger Jahre konnte sich auf die Dauer nicht halten. Es fehlten die drahtigen Karrossiers der Vorkriegsjahre, die ein Umschalten auf die Reitpferdeproduktion erleichtert hätten. So sank auch hier der Stutenbestand von 10 000 im Jahre 1950 auf 1300 im Jahre 1960 ab. Es ist eindeutig das Verdienst der alten bäuerlichen, konservativen Züchter, daß sie es in diesen Jahren auf sich nahmen, bei Fohlenpreisen um DM 500,– bis DM 800,– ihre alten Mutterstuten zu halten und sogar zum Hengst zu bringen, obwohl Arbeit für die Pferde nicht vorhanden war.
Der Bedarf an Sportpferden wurde in begrenztem Umfang größer. Der Wirtschaftstyp war jedoch für sportliche Anforderungen ungeeignet. Der Holsteiner Verband mußte in dieser Situation mit seiner Hengsthaltung, in der er die Nachfolge des Landgestüts angetreten hatte, neue Wege suchen. In der gesamten deutschen Pferdezucht wurden Überlegungen angestellt, wie eine Umformung des Wirtschaftswarmblüters auf ein modernes Sportpferd am schnellsten und sichersten zu erreichen war. Einige entschlossen sich für den Trakehner als Veredler, andere setzten auf den Araber oder Anglo-Normänner; der Holsteiner Verband entschloß sich, zur Veredelung den Englischen Vollblüter zu benutzen. Dieser Weg erwies sich – rückschauend betrachtet – für das Holsteiner Pferd als der einzig richtige. Der Grund für diesen Entschluß war die Erkenntnis, daß bereits um die Jahrhundertwende und vorher Englische Vollblüter mit Erfolg in der Holsteiner Zucht gewirkt hatten und in der Lage gewesen waren, Typ, Nerv, Adel und Körperproportionen den modernen Erfordernissen anzupassen, wie Verbesserung der Schulterpartie, Ausbildung des Widerrists, Verlängerung der Kruppe mit der dringend benötigten Neigung, Trockenheit der Gelenke, Verschönerung des Kopfes mit leichteren Ganaschen und Verbesserung der Halsform. Namen

Abb. 13. Schleswiger Kaltblüter bei der Feldarbeit – ein ehemals vertrautes Bild, das der konsequenten Rationalisierung und Mechanisierung der Landwirtschaft zum Opfer gefallen ist (nach einem Gemälde von Düllberg)

wie St. Fagans xx, Harpham Turk xx, Protocoll xx wurden im Zusammenhang mit Theoderich xx, Trebonius xx, Slavkov xx, Wanderfalk xx genannt und mit den züchterischen Erfolgen dieser Hengste verglichen. Die alten Hengsthalter wie Vahlert, Olde, Clüver und zum Schluß Auhage hatten in den zurückliegenden Jahren mit Importhengsten aus England erfolgreich gezüchtet, so daß mit einem gewissen Blutanschluß zu rechnen war. So kam es in diesen Jahren zu immer neuen Ankäufen, mit dem Ziel, aus einer großen Zahl von Vollbluthengsten die wirklich geeigneten herauszufinden. 41 Vollblüter wurden insgesamt in diesen Jahren eingesetzt und formten nachhaltig den Holsteiner alter Art um.

Es wird jedem an der Pferdezucht Interessierten klar sein, daß bei dieser großen Zahl von Vollblütern, die am Ende der Veredelungsphase bis zu 75 % des Stutenbestandes belegten, Rückschläge nicht ausbleiben konnten. Nicht immer gelingt eine Passerpaarung, und schärfste Selektion ist nötig, um geeignete Zuchtprodukte auszuwählen. Das lange Generationsintervall von 11 Jahren beim Pferd erschwerte diese Bestrebungen zusätzlich, und die kleine Zahl des aktiven Stutenbestandes, die bis 1969 sogar die Zahl 1200 unterschritt, erleichterte die Arbeit keineswegs. Doch das Experiment glückte. Die Anpaarung des konsolidiert gezüchteten Vollblüters mit den alten typtreuen Holsteiner Mutterstuten führte zu Fohlen, die auf einmal wieder verkäuflich waren. Der Markt forcierte diese Veredelung, und schon bald kristallisierten sich Vererber heraus, die dem Begriff Holsteiner Pferd zu neuen Ehren verhalfen.

Ohne die beharrliche Züchterarbeit und ohne Mut zum Risiko wäre das alles nicht möglich gewesen. Das Holsteiner Pferd hätte auf Dauer gesehen seine Eigenständigkeit nicht halten können, sondern wäre im Topf eines allgemeinen deutschen Reitpferdes untergegangen.

3 Vollbluthengste gingen 1960 vom Landgestüt in Verbandsbesitz über und brachten

Abb. 14. Anblick xx erlangte als Vererber in der Zucht ebenso wie im Sport großes Gewicht.

Abb. 15. Der bedeutende Anblick-Sohn Aldato brachte durch seinen Sohn Albrant den großen Durchbruch des Holsteiners im Vielseitigkeitssport.

es zunächst zu großem Ansehen. *Anblick xx,* ein Vollbruder des Derbysiegers Abendfrieden, hinterließ 14 gekörte Söhne und 55 eingetragene Stuten. Söhne wie Atlas, Antonio, Attila und der bedeutende Aldato gaben der Zucht neue Impulse. Anblick xx vererbte seinen Kindern Nerv, Härte und viel Herz. Durch ihn wurde ein neues Kapitel für die Holsteiner begonnen, die Hinwendung zum vielseitigen Sportpferd. Wer kennt nicht die berühmten Dressurpferde, die beiden Anblick-Töchter Antoinette und Venetia, die Josef Neckermann zu Weltruhm verhalfen. Oder den Anblick-Enkel und Aldato-Sohn Albrant, der unter seinem Reiter Herbert Blöcker den Military-Sport in Holstein populär machte.

Der zweite Vollblüter des Landgestüts, der mit der Versteigerung des Traventhaler Hengstbestandes in Verbandsbesitz überging, war Frivol xx. Dieser im Jahre 1946 geborene braune Hengst besaß eine hervorragende Eigenleistung, die ihm zu einer Reihe von Siegen in Hindernisrennen verhalf. Von 1954 bis 1960 stand er auf der bekannten Station Siethwende im Hochzuchtgebiet, später ging er in den Privatbesitz des Gestüts Bredeneek über und hinterließ dort eine große Zahl von Nachkommen. Frivol xx, ein ausdauernder, nerviger, aber nicht ganz einfacher Hengst, vererbte seinen Nachkommen, speziell aus alten Holsteiner Stämmen, gewaltige Sprungkraft weiter. 120 erfolgreiche Springpferde wurden bekannt, darunter Fidux unter Piero d'Inzeo und Graziano Mancinelli – Teilnehmer an Europa- und Weltmeisterschaften, Fortun unter Hans Günter Winkler – Sieger im King-George-V-Cup, Format unter Peter Levor – südafrikanischer Hochsprungrekord, außerdem Freeman, Frivola, Queen und die Militarypferde Ferro, Fery und Frithjoff. Alle diese Pferde waren hart, mit viel Springvermögen ausgestattet, aber manchmal etwas schwer lenkbar und einen sicheren Reiter verlangend. Die Anlagen von Frivol xx werden durch seinen Sohn Fra Diavola und den Enkel Fantast weitergegeben.

Abb. 16. Fra Diavolo, Sohn von Frivol xx

Abb. 17. Der Anglo-Araber Ramzes, geb. 1937, erlangte nicht nur in der ersten Veredelungsphase der Holsteiner Zucht große Bedeutung, sondern beeinflußte die ganze deutsche Pferdezucht.

Der dritte Vollbluthengst, *Wanderfalk xx,* konnte nicht die gleiche Bedeutung wie Anblick xx und Frivol xx erlangen. Er wurde bekannt durch die beiden Dressurpferde Waldfee und Arcadius. Söhne lieferte er der Zucht kaum, aber einige Töchter dieses Hengstes werden noch heute zur Zucht benutzt.

Die Liste der Hengste aus dieser ersten Veredlerepoche wäre nicht komplett ohne den für die gesamte deutsche Pferdezucht bedeutenden *Ramzes AA*. Dieser 1937 geborene Schimmelhengst, in Polen gezüchtet, von Rittersporn xx aus der Araberstute Jordi abstammend, wurde von dem großen, viel zu früh verstorbenen Hippologen Clemens Freiherr von Nagel-Doornick erkannt und für die deutsche Pferdezucht erworben. Durch die enge und gute Zusammenarbeit der Holsteiner Verbandsleitung mit Baron von Nagel gelang es, diesen Hengst, der der westfälischen Warmblutzucht so nachhaltig seinen Stempel aufgedrückt hat, für die Holsteiner Zucht zu pachten. 1951 bis 1952 und noch einmal 1959 bis 1960 deckte er in Neuendorf, Kreis Steinburg, und

begründete schon in dieser kurzen Zeit eine eigene Blutlinie, die in Holstein, wie in Westfalen, Träger für die Erzeugung hochveranlagter Springpferde ist. Der jüngste, größte Erfolg ist die Weltmeisterschaft des westfälischen Springpferdes Roman unter Gert Wiltfang im Jahre 1978.
Ramzes hinterließ bei den Holsteinern 4 Söhne: Rhenus, Roman, Rigoletto und Raimond. Andere Söhne aus Holsteiner Müttern, wie der in Westfalen deckende Roderich, wurden in verschiedene Zuchtgebiete, wie Bayern oder Ungarn, verkauft. Rhenus und Roman wurden besonders als Stutenmacher bekannt und gaben wie Roman ihre eigene gute Springleistung auch an ihre Nachkommen weiter. Stuten wie Rocca oder Risiko unter Lutz Gössing und Karsten Huck konnten zu der internationalen Spitze vordringen. Der Ramzes-Sohn Rigoletto wurde sehr früh nach Holland verkauft und gehört dort zu den Spitzenvererbern der modernen holländischen Warmblutzucht. Wegen seiner konstanten Springvererbung wurde er 1971 vom Holsteiner Verband gepachtet und hinterließ einige gute Zuchtstuten und 3 gekörte Söhne; davon ist Rocco, aus einer Marlon-Mutter abstammend und auf den Leistungsstamm 776 zurückgehend, der wertvollste.
Stärker verbreitet hat sich die Ramzes-Linie über seinen Sohn Raimond und den Enkel Ramiro. Ramiro, ein im internationalen Springsport unter Fritz Ligges geprüfter Hengst, war 1969 von Baron Nagel für ein Jahr an den Holsteiner Verband verpachtet. In diesem Jahr gelang es ihm, eine große Zahl von Stuten mit Staatsprämienqualitäten zu erzeugen. Außerdem lieferte er der Zucht 6 Hengste, von denen Ronald, in der mütterlichen Linie aus dem Stutenstamm 1861 gezüchtet und auf die Ethelbert-Linie zurückgehend, als moderner Erhalterhengst von den Züchtern sehr stark benutzt wird. Eine weitere Linie geht von Raimond über Rhadames, der heute in Argentinien zur Zucht eingesetzt wird, zu Roberto, ebenfalls einem Hengst, der den modernen warmblütigen Typ verkörpert.
Aus der großen Zahl von Vollbluthengsten kristallisierten sich 4 heraus, die es verstanden, dem modernen Holsteiner Pferd ihren Stempel aufzudrücken: Cottage Son xx, Manometer xx, Marlon xx und Ladykiller xx.
Cottage Son xx wurde bereits 1959 angekauft. Er deckte leider nur 4 Jahre in Holstein, da er durch einen tragischen Unfall frühzeitig ums Leben kam. Dieser Vertreter der Dark Ronald-Linie in der für Holstein erwünschten dunkelbraunen Jacke hinterließ der Zucht 14 Söhne, eine große Zahl erfolgreicher Turnierpferde für vielseitige Verwendungszwecke und Zuchtstuten, die heute für die Anpaarung mit den Erhalterhengsten sehr gesucht sind. Hierzu zwei Beispiele:
Der Hengst Ramiro, ein Ramzes-Enkel, hat als Mutter die Stute Valine von Cottage Son xx, die dem berühmten Stutenstamm 776 angehört und auf Favorit – Cicero –

Abb. 18. Cottage Son xx. In nur 4 Jahren brachte dieser Vollblüter der Holsteiner Zucht 14 gekörte Hengste und 42 eingetragene Stuten.

Achill zurückzuführen ist. Dieser Hengst hat im Besitz von Baron Nagel großen Einfluß auf die heutige Holsteiner Zucht. Ähnliches gilt für den Hengst Lord von Ladykiller xx aus der Viola von Cottage Son xx. Dieser erfolgreiche Zuchthengst wurde zunächst nach zwei Deckperioden im Militarysport unter Herbert Blöcker eingesetzt. Schon aus den ersten beiden Zuchteinsätzen hat er exzellente Springpferde hinterlassen, so den in jüngster Zeit bekannt gewordenen Livius, der unter Peter Luther das international besetzte Feld beim Deutschland-Hallen-Turnier in Berlin 1978 deklassieren konnte. Der berühmteste Vertreter der Cottage Son xx-Linie ist jedoch der Consul-Sohn Granat, der mächtige Holsteiner, der seine zierliche Reiterin Christine Stückelberger von Sieg zu Sieg getragen hat und zu Recht als das beste und beständigste Dressurpferd der Welt anzusehen ist. Die männliche Linie wird heute von seinem Sohn Conte, im Besitz des Gestüts Nehmten, und seinem Enkel Capitano, einem Sohn der unter Fritz Thiedemann erfolgreichen Springstute Retina, fortgesetzt. Die Anpaarung mit Stuten aus der Ramzes-Linie scheint sehr gut zu passen. Ein Sohn von Capitano, Capitol, dessen Mutter auf Manometer und Ramzes zurückgeht, zeigt ein überragendes Springvermögen.

Manometer xx, ein Sohn des Anblick-Vollbruders Abendfrieden xx, trat ähnlich wie Cottage Son xx im wesentlichen über seine weiblichen Nachkommen in Erscheinung. 65 Töchter wurden in das Stutbuch eingetragen. Seine größte Stärke lag jedoch in der Produktion harter Leistungspferde, die sich durch Nerv und Ehrlichkeit auszeichneten. Sein Sohn Maximus, der selbst in vielen S-Springen mit Erfolg eingesetzt wurde, führt die Manometer xx-Linie über seine Söhne Moltke, Midas, Mabuse und Mephisto weiter.

Zwei Vollbluthengste trugen jedoch am wirksamsten zur Umformung und Veredelung des Holsteiner Pferdes bei: Marlon xx und Ladykiller xx, beide von den Britischen Inseln importiert, konnten auf ihren Stationen Siethwende und Haselau, im Herzen des Holsteiner Zuchtgebietes, über zahlreiche Söhne und Töchter in breitem Umfang die moderne Richtung prägen.

Marlon xx wurde 1958 in Irland geboren und vereinigt als Sohn des Tamerlane xx Härte, Kampfeswillen, Schönheit und Korrektheit in sich, sowie einen Bewegungsablauf, der seine Nachkommen zu Spitzenleistungen in allen reitsportlichen Disziplinen befähigt. Als Vater vieler Dressurpferde und neuerdings auch von hervorragenden Militarypferden zählt Marlon xx heute zu den 5 erfolgreichsten Vollblütern in der deutschen Warmblutzucht. Seine Nachkommen erzielten im Jahre 1979 die Gesamtgewinnsumme von DM 63 314,–, davon allein in Dressurprüfungen DM 29 040,–. Dressurpferde wie Medoc, Mannix, Montano und Etepetete beweisen die Rittigkeit der Marlon-Nachkommen. Zur Popularität des Militarysports hat Marlon xx ebenfalls beigetragen. Madrigal aus der Sultana von Galapeter errang unter Karl Schultz auf der Olympiade in Montreal 1976 die Bronzemedaille. Herbert Blöcker konnte 1975 mit Milano deutscher Vielseitigkeitsmeister werden. Auch unter den Springpferden gibt es nennenswerte Marlon-Nachkommen, wie Manolito, Mowgli und Mephisto. Mit 21 gekörten Söhnen und 31 Staatsprämienstuten ist sein züchterischer Einfluß sehr breit angelegt, zumal Marlon trotz seiner 20 Jahre in voller Frische und Gesundheit der Zucht noch zur Verfügung steht.

Vielleicht noch intensiver als Marlon xx konnte sich der 1961 geborene Sailing Light-Sohn *Ladykiller xx* durchsetzen. 31 Söhne wurden gekört und 30 Töchter konnten bisher eine Staatsprämie erhalten. Leider ging dieser Ausnahmevererber im Sommer 1979 ein. Er stand zuletzt, nach kurzer Wanderschaft, wieder im Hochzuchtgebiet Haselau, wo er die beste Nachzucht hinterlassen hat. Während Marlon xx mehr in

Abb. 19. Marlon xx, hervorragender Leistungsvererber für alle reitsportlichen Disziplinen

Richtung Dressur seine guten Anlagen weitergab, ist es bei Ladykiller xx der Springsport. Mit einer Gewinnsumme seiner Nachkommen in Höhe von DM 79 031,– im Jahre 1979 gehört er ebenfalls zur Spitzengruppe aller deutschen Hengste. DM 58 330,– von dieser Summe kamen aus Springprüfungen, DM 9 468,– aus Vielseitigkeitsprüfungen. Der Ladykiller-Sohn Boy unter dem irischen Reiter Eddie Macken siegte im Hamburger Springderby 1978 und bewies damit erneut die hohe Klasse der Kombination aus Holsteiner Müttern und dem Vollblüter Ladykiller xx. Aber auch Namen wie Lasagna, Leon, Loretto, Leonardo, Lieber Kerl sind heute in der Springreiterwelt bekannt. Die besondere Härte und Ausdauer, die er seiner Nachzucht mitgab, brachten den Hengst an die Spitze im Militarysport. Unvergessen bleibt der Ritt von Helmut Rethemeier auf Ladalco bei der Weltmeisterschaft in Lexington

Abb. 20. Ladykiller xx. Die Tragweite seiner Bedeutung ist, ebenso wie die von Marlon xx, heute noch gar nicht voll zu überblicken.

1978, der trotz schwierigster Bedingungen gegen die Weltelite zur bronzenen Medaille führte.

Im Jahre 1971 wurde von der Verbandsleitung ein Versuch unternommen, um die reichlich enge züchterische Basis aufzulockern. Es wurden 2 wertvolle Anglo-Normänner Hengste in der Zucht eingesetzt. Einmal war es *Urioso,* ein Sohn des zur Weltelite gehörenden Springpferdevererbers Furioso xx, der in der Normandie Hochleistungsspringer wie Virtuoso, Lutheur B, Pomone B und Kairouan H hinterließ. Zum anderen war es der Rantzau xx-Sohn *Cor de la Bryère,* der es in der relativ kurzen Zeit seines Einsatzes in Schleswig-Holstein zu großem Ansehen brachte, insbesondere über seine Söhne, die wie der Vater über enorme Sprungkraft verfügen und besonders gutartig im Charakter sind. Schon Graf Wrangel hatte um die Jahrhundertwende in seinem »Buch vom Pferde« auf die enge Verwandtschaft in der züchterischen Konzeption zwischen der Normandie und Holstein aufmerksam gemacht. Um diesen Versuch auf eine etwas breitere Basis zu stellen, wurden 1976 weitere 3 Hengste aus der Normandie angekauft. Diese Versuche sind bisher noch nicht zum Abschluß geführt, so daß ein endgültiges Urteil verfrüht wäre. Es dürfte aber feststehen, daß der Hengst Cor de la Bryère als Springpferdevererber immer mehr bekannt wird. Schon jetzt – die ersten Nachkommen werden achtjährig – hat er eine Jahresgewinnsumme von DM 29 970,– aufzuweisen, davon im Springen DM 22 314,–. Sein Einfluß in der Zucht ist bereits erkennbar. 21 Söhne wurden gekört und gehören zur Spitzengruppe der Verbandshengsthaltung. Ihre Leichtrittigkeit und ihr Springvermögen konnten sie durch überdurchschnittlich gute Ergebnisse in den Hengstprüfungen beweisen.

Die Konsolidierungsphase ab 1970

Die für die Pferdezucht sehr schweren Jahre zwischen 1960 und 1970 fanden ihren Abschluß mit dem Aufblühen des Freizeit- und Breitensports in der Reiterei. Der massive Einsatz des Vollblüters mußte seinen Abschluß finden, um nicht völlig in eine Richtung zu geraten, die nur noch von Spezialisten unter den Reitern zu bewältigen war. Die Rückbesinnung auf die alten Stämme und der Einsatz von Erhalterhengsten führte in kurzer Zeit zu großen Erfolgen. Es kam darauf an, das Edelblut mit den Holsteiner Anlagen zu verschmelzen, um den Vollblüter, wie es landläufig heißt, in die zweite Generation zu bringen. Diese Richtlinie wurde in den letzten Jahren mit großer Konsequenz verfolgt. Waren noch vor wenigen Jahren fast 100 % der zur Körung vorgestellten Hengste Vollblutnachkommen, so veränderte sich dieses Bild ab 1973 sprunghaft und erreichte bei der Hengstkörung im Jahre 1978 nur noch die Zahl von 30 % der gekörten Hengste. Gleichzeitig verbreitete sich die Palette der Väter, um auch hierdurch einer zu engen Blutführung entgegenzuwirken. Zum Jahrgang 1978 schreibt Graf Thun-Hohenstein:

»Ein ausgeglichener Jahrgang von selten hoher Qualität stellte sich der staatlichen Körkommission unter dem bewährten Vorsitz von Herrn Hans Kahlke, Neuendeich. Von 74 im Katalog aufgeführten Hengsten traten 68 zur Körung an. 20 bestanden nach schärfster Selektion und unter Anlegung schärfster Maßstäbe den ersten großen Test. In der Farbe nur gering variierend – je 2 Füchse und Schimmel lockerten das klare, harte Braun bis Dunkelbraun auf –, verkörperten die jungen Hengste hervorragende

Abb. 21 (oben). Der Hengst Farnese 3804, geb. 1960 von Fähnrich, ist der bedeutendste Vertreter der Achill-Linie von heute.

Abb. 22 (rechts oben). Der Farnese-Sohn Fernando, Sieger der Hengstkörung 1976

Abb. 23 (rechts unten). Die Farnese-Tochter Mithra, geb. 1975, war Siegerin der Landestierschau 1978 in Rendsburg. Ihre Mutter geht auf Landsturm-Ladykiller zurück.

Einheitlichkeit in Typ und Ausdruck. Faktoren, um die uns die Britischen Inseln seit eh und je beneiden. Die Konsolidierungsphase innerhalb der holsteinischen Zucht ist abermals um einen deutlichen Schritt vorangekommen, ohne dabei rückfällige Vergröberungen aufzuweisen. Dabei sind die Durchschnittsmaße, wie 166 Stock und 21,27 Röhrbein, ausgesprochen respektabel.«
Maßgeblichen Anteil an dieser Konsolidierung hatte die Rückgewinnung des Hengstes Farnese, der als typischer Vertreter der Achill-Linie die guten Eigenschaften einer Basis von Stuten, die aus der Veredelung mit Ladykiller xx hervorgegangen ist, weitergeben konnte. 12 Söhne stehen bereits in der Zucht und deuten auf eine hohe Qualität hin.

10

Miele

Farnese ist ein Hengst, der in seiner Abstammung viele gute Eigenschaften des alten Holsteiners vor der Wirtschaftsepoche vereinigt. In direkter väterlicher Linie geht er über Fähnrich – Fachmann – Fanatiker – Fanal – Favorit – Tobias auf Achill zurück. Seine Mutter Annelies ist eine Loretto-Tochter und findet über Lorbeer – Elegant und Lord Anschluß an die Ethelbert-Linie. Die Großmutter Ilsabe stammt von First ab, der als Tobias-Sohn wieder der Achill-Linie angehört, während die Urgroßmutter Theke von Schiller über Falb zur Adjutant-Linie führt.
Schon jetzt ist erkennbar, daß der Einsatz dieses Hengstes zu den wenigen Glücksfällen in der Zucht gehört. Söhne, Töchter und Enkel konnten bereits hoch prämiert werden. Sein Sohn Fernando, aus einer Consul-Mutter stammend, war Sieger der Hengstkörung 1978, sein Enkel Flamingo von Fasolt aus einer Lopshorn-Mutter konnte 1977 diesen Preis mit nach Hause nehmen. Die Tochter Mitra aus einer Landsturm-Mutter wurde Siegerin der Landestierschau 1978 in Rendsburg, und sein Sohn Fridericus aus einer Ladykiller-Mutter hatte den besten Fohlenjahrgang 1978 aufzuweisen.

Abb. 24. Calypso II von Cor de la Bryère, geb. 1974, ist aus dem »Granat-Stamm« hervorgegangen. Er verfügt über eine große Eigenleistung im Springen und in der Dressur.

Abb. 25. Ronald von Ramiro, geb. 1970, ist ein moderner Erhalter der Ramzes-Linie. Er war Sieger der Hengstleistungsprüfung und verfügt über eine große Sprungkraft.

In diesen Kreis der Erhalterhengste gehören zweifellos auch die Nachkommen aus der Ramzes-Linie mit dem schon früher angesprochenen Ronald an der Spitze. Gleichzeitig wären hier die Söhne und Enkel des Hengstes Cor de la Bryère anzusprechen, mit so bekannten Vertretern wie Calypso I und II, Carneval und Caletto, die in der Verbindung mit bedeutenden Holsteiner Müttern in der Lage sind, sich modern und den heutigen Anforderungen entsprechend zu vererben. Die beiden Calypsos sind aus dem sogenannten »Granat-Stamm« hervorgegangen, Carneval hat eine Farnese-Mutter, und Caletto – heute im Springsport eingesetzt – kommt aus dem Stutenstamm 730 b, der schon viele Zuchthengste geliefert hat.

Das Zuchtprogramm des Holsteiner Verbandes, über das im nächsten Kapitel zu sprechen sein wird, zielt sehr stark auf die Erhaltung des Holsteiner Pferdes mit seinen besonderen Eigenschaften ab.

Es wäre ein eklatanter Fehler gewesen, wenn die Zuchtleitung zu Beginn der siebziger Jahre die Vollblutzufuhr nicht abgebremst hätte. Die große Mehrheit der Züchter folgte diesen Richtlinien, mit dem Erfolg, daß die Pferdezucht in Schleswig-Holstein einer neuen Blütezeit entgegengegangen ist. Die Stutenbasis ist gegenüber anderen Verbänden zwar immer noch klein, aber gemessen an dem Prozentsatz der Sportpferde leistet dieses kleine Zuchtgebiet Erstaunliches. Es ist daher ein Bestreben des Verbandes, Quantität nie auf Kosten der Qualität zu produzieren. Die Verkaufserlöse für die heimischen Pferde bestätigen diese Ansicht und verhalfen dem modernen Holsteiner zu Spitzenpreisen innerhalb der Zuchtgebiete. Die gute und enge Zusammenarbeit zwischen dem Land Schleswig-Holstein und dem Zuchtverband half mit, die verschiedenen Abteilungen wie Stutbuchführung, Hengsthaltung, Vermarktung und Sport zu reorganisieren. Der heutige Holsteiner ist ein Pferd, das die erwünschten Anlagen aus den alten Stämmen und Linien erhalten hat, mit dem edlen Überguß, der Nervenstärke, Härte und Leistungsbereitschaft für alle sportlichen Anforderungen.

Das heutige Zuchtprogramm

Das heutige Zuchtprogramm des Holsteiner Verbandes hat bedeutende geschichtliche Vorgänger aufzuweisen.
Im Gestütbuch, Band I, wird in den Vereinsstatuten und den Instruktionen für die Sachverständigenkommission in der Kremper Marsch das Zuchtziel dieses Pferdezuchtvereins veröffentlicht. Dieses Buch wurde im Februar 1886 von dem bereits mehrfach erwähnten Ökonomierat Ahsbahs herausgegeben, und es beinhaltet eben die Bestimmungen, die nötig sind, um das Zuchtziel dieses Pferdezuchtvereins zu erreichen. Schon in dem Statut wird hinsichtlich des Zuchtziels die vielfältige Verwendbarkeit der Zuchtprodukte stark betont.
In den Instruktionen für die Sachverständigenkommission sind genaue Vorschriften in bezug auf Gesundheit, Exterieur, Leistungsbereitschaft und -fähigkeit zu finden. Als Mindestanforderung an die Qualität der Stuten wurde hier die Erhaltung der im Zuchtziel beschriebenen Merkmale gestellt:
Die Stuten durften keine Erbfehler haben. Die Entscheidung über solchen Tatbestand lag im Ermessen der Kommission. Hierbei berief man sich auf die Königliche Verordnung über die Körung von Deckhengsten vom 11. September 1876. Die Bonitierung der Stuten erfolgte durch sechs Merkmale mit einer Punkteskala von 0 bis 8. Die Merkmale waren folgendermaßen festgelegt:

- Abstammung
- Größe
- Farbe
- Eleganz
- Gang
- Knochenbau

36 Punkte waren die Mindestzahl für die Aufnahme in das Stammregister, das entspricht einer Bewertung aller sechs Kriterien mit *sehr gut.*
Die für das Erreichen des Zuchtziels sehr wichtigen Eigenschaften wie hohe, raumgreifende Gänge und korrekter, stabiler Knochenbau waren gesondert zu beachten, weil die dafür vergebene Note wenigstens 6 betragen mußte und durch kein anderes Merkmal auszugleichen war.
Die für die Aufnahme der Stuten in das Stammregister vorgeschriebene Größe ist leider nicht eindeutig definiert worden. Doch zeigt der § 5 der Instruktionen, daß die

durch Stock- und Bandmaß festgestellte Größe über Aufnahme oder Ablehnung entschied. Das durchschnittliche Stockmaß aller der in Band I aufgenommenen Stuten betrug 160,1 cm.
Besonders eindrucksvoll für den Qualitätsanspruch dieser Vereinsstatuten und Instruktionen ist die Tatsache, daß die Stuten mit ihrer gesamten Nachzucht aus dem Stammregister gestrichen werden mußten, sofern diese der Mindestanforderung zur Erhaltung des kräftigen, dauerhaften Stammes von Wagenpferden nicht genügten.
Das Zuchtziel des Holsteiner Pferdes und das Zuchtprogramm haben bis heute – natürlich beeinflußt durch die wechselnde Marktlage und die sich verändernden Verhältnisse in der Landwirtschaft – grundsätzlich die wesentlichen in den Statuten von 1886 fixierten Anforderungen an die Qualität, Leistungsbereitschaft, Größe und Verwendbarkeit unserer Pferde zum Inhalt.
Im heutigen Zuchtprogramm sind alle für die Erreichung des Zuchtziels selektiven Maßnahmen begründet, die eine Verbesserung der gesamten Population bewirken sollen. Diese Maßnahmen werden durch berufene und gewählte Vertreter der Züchterschaft des Holsteiner Verbandes, nämlich durch ausgesprochen versierte Pferdekenner, durchgeführt.

Die Kommissionen

Die Hengstkörkommission

Die Mitglieder der Körkommission werden auf Vorschlag der Züchter des Holsteiner Verbandes durch das Landesamt für Tierzucht Schleswig-Holstein berufen. Es handelt sich um Pferdezüchter, die sich durch spezielle Kenntnisse in der Beurteilung des Exterieurs, der Leistung und der Abstammung der Hengste auszeichnen. Sie wählen aus ihrer Mitte einen Vorsitzenden und einen Stellvertreter für denselben. Die Entscheidung dieser beiden gibt bei Stimmengleichheit den Ausschlag. Der Körkommission für Holsteiner Hengste gehören zur Zeit sechs Züchter an, für die im Bedarfsfall die für sie berufenen Stellvertreter eingesetzt werden können.
Der Einsatz der Kommission richtet sich nach der Landesverordnung zur Durchführung des Tierzuchtgesetzes des Bundes. Neben der tatsächlichen Körung gehört die beobachtende Teilnahme an den Hengstleistungsprüfungen zu ihrer Aufgabe.
Es soll einerseits keineswegs verhindert werden, daß Pferdezüchter mit diesem

speziellen Wissen selbst Züchter oder Aufzüchter der zur Körung vorgestellten Hengste sind, andererseits ist die Objektivität der Entscheidungen der Körkommission während ihrer Tätigkeit von eklatanter Bedeutung.
Im Fall der möglichen Befangenheit eines Mitgliedes der Kommission tritt dieses daher von der Körung zurück und läßt seinen Platz von seinem Stellvertreter einnehmen.

Die Hengsteintragungskommission

Dieses Gremium wird innerhalb des Verbandes gebildet. Es setzt sich im Regelfall aus den Mitgliedern der Körkommission und deren Stellvertretern zusammen.
Auf Vorschlag dieser Kommission wird die Eintragung der gekörten Hengste in das Hengstbuch vorgenommen. Äußerst verantwortungsvolle Entscheidungen hat die Kommission zu treffen, wenn es um die Auswahl von Vatertieren anderer Rassen geht. Hengste anderer Rassen werden zeitweise eingesetzt, um neue Eigenschaften zu entwickeln oder schon vorhandene Eigenschaften noch besser zum Tragen zu bringen. Besonderes Gewicht hat hier, wie in den vorangegangenen Kapiteln bereits dargelegt, vor allem das Englische Vollblut gewonnen.

Die Stuteneintragungskommission

Die Kommission für die Stutbuchaufnahme und die Beurteilung der Saugfohlen wird auf Vorschlag des Zuchtausschusses durch die Delegiertenversammlung gewählt. Ihr gehören zwei ehrenamtlich tätige Züchter und der Zuchtleiter des Verbandes an. Zu ihren Aufgaben gehört die Eintragung der Stuten in die verschiedenen Abteilungen des Stutbuches einschließlich Messen, Bonitierung und Prämiierung. Weiter soll die Kommission die Nachzucht der Stuten und Hengste bewerten, indem die Fohlen zusammen mit der Mutter zur Begutachtung vorgestellt werden; sie soll die Prämiierung der zweijährigen Stuten vornehmen und die Auswahl der drei- bis fünfjährigen Stuten für die Staatsprämiierung treffen. Während dieser Tätigkeit, die sich über das ganze Zuchtgebiet erstreckt, ist eine zusätzliche, sehr wichtige Aufgabe die Beratung der Züchter. In den Monaten Juni und Juli eines jeden Jahres werden die Fohlen mit ihren Müttern sowie 2- und 3jährige Stuten zur Begutachtung und Bewertung von den Züchtern dieser Kommission vorgestellt.

Der Zuchtausschuß

Der Zuchtausschuß wird von der Delegiertenversammlung gewählt. Er setzt sich aus dem Vorstand des Verbandes, der Körkommission, der Hengst- und Stuteneintragungskommission und vier weiteren Vertretern zusammen. Diesem Gremium steht in allen züchterischen Fragen ein Vorschlagsrecht zu. Um zu endgültigen Beschlüssen zu gelangen, müssen diese Vorschläge der Delegiertenversammlung vorgelegt werden. Der Zuchtausschuß befaßt sich mit allen züchterischen Fragen und setzt sich mit organisatorischen Problemen auseinander, die die Zucht angehen. Dazu zählen die Auswahl der zum Einsatz kommenden Zuchthengste und deren Stationierung im Zuchtgebiet, die Ausschreibungsvorbereitungen von Schauen, Prämiierungen und Leistungsprüfungen für Zuchtstuten und -hengste sowie die Erarbeitung der Richtlinien für die Gestütbuchführung. Von besonderer Bedeutung ist in jedem Jahr wieder die Diskussion über die Hengstverteilung für das kommende Jahr. Alljährlich wird im Dezember auf einer Sitzung um die beste Verteilung der Vatertiere in der nächsten Decksaison gerungen.
Im Winter, nach der Körung der Junghengste und der Prüfung der ein Jahr älteren Beschäler, haben sich die Züchter ein Bild über das vorhandene Hengstlot gemacht. Die in den vorangegangenen Jahren sehr erfolgreichen Vererber und die auf der Körung und der Prüfung auffallenden jungen Nachfolger sind überall begehrt. Hier einen für alle Züchter akzeptablen Mittelweg zu finden – unter Berücksichtigung der zu erwartenden züchterischen Konsequenzen bei den verschiedenen Stationierungsmöglichkeiten –, ruft nicht selten lange andauernde Wortgefechte hervor.

Die Zuchtmethode

Der Rahmen der Zuchtmethode wird durch das Tierzuchtgesetz vom 1. Januar 1977 und den dazu erlassenen Bundes- und Landesverordnungen gesteckt. Die gesamte Population des Zuchtmaterials wird durch Prämiierungen, Bonitierungen und Eintragungen in die verschiedenen Abteilungen des Gesamtstutbuches sowie durch Leistungsprüfungen für die Selektion und Verbesserung des Zuchtmaterials herangezogen.
Die Leistungsprüfung für Hengste, die nach dem Gesetz innerhalb eines Jahres nach der Körung durchzuführen ist, wird auf anerkannten Hengstleistungsprüfungsan-

stalten abgeleistet. Die Holsteiner Hengste gehen in Adelheidsdorf (bei Celle) oder in Medingen (bei Lüneburg) ins Examen. Nach Beendigung der ersten Decksaison beginnt für die jetzt dreijährigen Beschäler am 1. August der »Ernst des Lebens«. In hundert Tagen werden sie von qualifizierten Ausbildern auf ihre Leistungsbereitschaft und Leistungsfähigkeit getestet. Während dieser Zeit prüfen Dressur- und Springreiter aus dem Spitzensport die Veranlagungen der Hengste.

Die Eigenleistungsprüfungen für Stuten werden einmal in Elmshorn und dann zusammen mit den Turnierveranstaltern durchgeführt. Auf den Turnieren wird in der Regel die in der Leistungsprüfungsordnung (LPO) der Deutschen Reiterlichen Vereinigung (FN) vorgesehene Stutenleistungsprüfung ausgeschrieben. Der Test in Elmshorn ist ein der Hengstleistungsprüfung angepaßtes Training, in dem die Stuten – meistens dreijährig – während der dreiwöchigen Dauer des Testverfahrens eingeritten, tierärztlich untersucht und auf Leistungsvermögen und -willigkeit geprüft werden.

Die weitere Überprüfung der verwendeten Vatertiere wird durch deren Einsatz im Turniersport und durch die Bewertung der Nachzucht gewährleistet.

Die Nachzuchtbewertung der Fohlen

Die Bewertung der künftigen Vatertiere und die Entscheidung über ihren Einsatz sei zuerst genannt:

In der gesamten Pferdezucht sind selektive und verbessernde Steuerungen vor allem auf die Auswahl der Hengste zurückzuführen. Durch die im Regelfall ungleich größere Anzahl ihrer Nachkommen im Gegensatz zu denen der Stuten ist ihrer Auswahl das weitaus größere Gewicht beizumessen. Die Hengstfohlen werden im Jahr ihrer Geburt auf den im Sommer vorgenommenen Fohlenprämiierungen begutachtet und bewertet. Fohlen mit Mutter werden auf über das ganze Zuchtgebiet verteilten Sammelplätzen der Bewertungskommission vorgestellt. Im Beisein der Mutterstute erhält das Fohlen von der Eintragungskommission Noten für:

- Typ
- Exterieur
- Fundament
- Gang
- Gesamteindruck

Bei dieser Beurteilung verdient die *Abstammung* des Fohlens besonderes Augenmerk; denn durch das Ergebnis dieser Beurteilung sollen dem Züchter Informationen über die spätere Verwendbarkeit des Fohlens vermittelt werden.

Holstein F O H L E N S C H E I N | 21 00707 79

Aus der Bedeckung vom: 02.04.1978 ist das folgende Fohlen gefallen:

Geb. am: 26.03.1979 Geschlecht: MAENNLICH Rasse: HOL

Name: Lebens-Nr.: 21 00707 79 Nebenstehender Brand erteilt

Farbe: BRAUN Stamm: 162 am: 17.07.1979 0 7

Abzeichen: * Stirn	Kopf Nasenrücken	Maul	Beine VL	VR	HL	HR	Besondere Abz
OHNABZ	4 NSTRBL	OHNABZ	OABZ	OABZ	1 FUSS	1 FUSS	1 REAUGE

Züchter: EGGERS RICHARD 2221 HELSERDEIGH 01.00240

Besitzer: EGGERS RICHARD 2221 HELSERDEICH 01.00240

STAMMTAFEL

Vater FLAMINGO HLP 210408275 HOL 171 BRAUN 1977 8 7 8 7 7 7 8	VV [*] FASOLT HLP 210399569 HOL 166 BRAUN	FARNESE 210380460 HOL
		KONRADINE 210483103 HOL
	VM NAVARRA H 210184803 HOL 158 HLBRAUN	LOPSHORN 210310637 HOL
		COLUMBIA 210251203 HOL
Mutter LIANE HSP 210100174 HOL 164 BRAUN 1977 7 6 7 7 6 6 6	MV LIGUSTER 210403470 HOL 166 BRAUN	LANDSTURM 210392266 HOL
		AUMINA 210393403 HOL
	MM [*] <S> GERANIE HSP 210516270 HOL 165 DKBRAUN	SABLE SKINFL. 210390458 XX
		BLUETE 210364503 HOL

Vorstehende Angaben werden hiermit bestätigt.

Elmshorn, den 17.09.1979

Verband der Züchter des Holsteiner Pferdes e.V. * Elmshorn * [signature]

Vorstehende(r) wurde am in das eingetragen.

Maße: Wh. Br.-Umf. Rb.-Umf. Bonitierung: Prämiierung:

Elmshorn, den

Abzeichen-Schlüssel:

1 = weiß 4 = unregelmäßig 7 = stichelhaarig
2 = weißer Fleck 5 = gezackt 8 = schattiert
3 = gefleckt 6 = schief 9 = pigmentlos

Erläuterungen zur Stammtafel:

1. Zeile: Prämiierung
2. Zeile: Name/Eintragung
3. Zeile: Lebens-Nr./Rasse
4. Zeile: Widerristhöhe/Farbe
5. Zeile: Eintr.-Jahr/Bonitierung

(*) = prämiiert auf Bundesschauen
(s) = Sieger auf Bundesschauen
[*] = prämiiert auf Landesschauen
[s] = Sieger auf Landesschauen
<*> = prämiiert auf Kreisschauen
<s> = Sieger auf Kreisschauen

Nur Nachkommen von leistungsgeprüften, sich durch hervorragende Nachzucht auszeichnenden Hengsten und Stuten der alten bewährten Holsteiner Stämme können für einen späteren Einsatz in der Zucht in Frage kommen. Hengstfohlen, die in der Benotung nach den verschiedenen Beurteilungskriterien weit über dem Durchschnitt liegen, erhalten einen Prämienvermerk in ihrem Abstammungsnachweis. Nur etwa 10 % aller Fohlen eines Jahrganges erreichen dieses Ziel. Diese Fohlen werden dann entweder von Züchtern oder Hengstaufzüchtern – seit Jahren und sogar Jahrzehnten in diesem Geschäft tätigen Pferdekennern – aufgezogen. Der Holsteiner Verband selbst zieht jedes Jahr zirka zehn Hengstfohlen auf, um seinen Teil des Bedarfs an hochwertigem Nachwuchs im Hengstdepot zu decken und durch Verwendung neuester fütterungs- und haltungstechnischer Erkenntnisse richtungsweisend für die gesamte Pferdezucht zu wirken.
Die Stutfohlen werden wie die Hengstfohlen im Sommer auf den Sammelplätzen zur Bewertung vorgestellt. Auch bei dieser Begutachtung wird die spätere Verwendbarkeit der jungen Pferde berücksichtigt. Nur Fohlen aus bewährten Stutenstämmen – von geprüften Hengsten hervorgebracht – sollten weitere Verwendung in der Zucht finden. Auch wenn der Markt verlockende Angebote für überdurchschnittliche Nachzucht liefert, ist die Zucht den Reizen der Marktwirtschaft überzuordnen. Das heißt, daß das beste Stutenmaterial dem Einsatz in der Zucht vorbehalten bleiben muß. Herausragende Fohlen erhalten einen Prämienvermerk in ihren Abstammungsnachweis. Bei der Benotung wird die Qualität der bei den Hengstfohlen bereits erwähnten Exterieurmerkmale und die Abstammung in Betracht gezogen.

Eintragung in das Hengstbuch

Die vorläufige Eintragung der Hengste erfolgt im Regelfall nach der Körung und dem anschließenden »Wintertest« des Verbandes, also im Alter von drei Jahren. Nach der Absolvierung dieses Tests, bei dem die natürlichen Anlagen des Hengstes:

- Charakter
- Temperament
- Rittigkeit
- Springvermögen

festgestellt werden, erfolgt eine Bonitierung der Hengste durch die Hengsteintragungskommission. Die Mindestzahl für die Eintragung beträgt 45 Punkte; der Typ

Abb. 26. Fohlenschein

muß wenigstens mit 7 Punkten bewertet worden sein. Das Bewertungsergebnis wird zusammen mit den bei der Körung ermittelten Maßen: Stockmaß, Brust- und Röhrbeinumfang auf dem Eintragungsschein notiert.
Hengste, die bei diesem ersten Test und der anschließenden Begutachtung erkennen lassen, daß sie die in sie gesetzten Erwartungen im Hinblick auf ihr eigenes Leistungsvermögen nicht erfüllen, werden nicht in das Hengstbuch des Holsteiner Verbandes aufgenommen.
Die Eintragung von Hengsten anderer Zuchtgebiete und -richtungen ist in jedem Fall durch den Zuchtausschuß zu genehmigen. Die Hengsteintragungskommission muß diese Hengste begutachten und auf ihren Wert für die Verbesserung der Holsteiner Zucht untersuchen. Dabei gilt es besonders, die Eigenschaften zu beachten, die durch derartige fremdblütige Vatertiere in dem Zuchtmaterial des Holsteiner Verbandes verbessert werden sollen.

Eintragung in die Abteilungen des Gesamtstutbuches

Die Eintragung der Stuten in die verschiedenen Abteilungen des Stutbuches erfolgt im Regelfall im Alter von drei Jahren. Diese Eintragung erfolgt ebenfalls auf den im Sommer angesetzten Sammelplätzen. Von der Verbandsleitung wird hier eine Zentralisierung angestrebt, um den Züchtern, den Besuchern und schließlich auch der Eintragungskommission einen repräsentativen Überblick über das im Bezirk vorhandene Jungstutenmaterial zu geben. Die Körbezirke, in deren Hand die Organisation der jährlichen Bewertungs-, Prämiierungs- und Brennbereisung liegt, schaffen geeignete Vorstellungsplätze, auf denen die Eintragung der Stuten vorgenommen wird. Die Stuten werden bei dieser Vorstellung gemessen und bonitiert. Es werden das Stockmaß, der Brust- und der Röhrbeinumfang ermittelt.
Die Bonitierung erfaßt Noten für folgende Merkmale:
Typ, Kopf, Hals, Schulter, Rücken, Kruppe, Breite/Tiefe, Vorderfuß, Hinterfuß, Korrektheit des Ganges, Schub und Schwung in der Bewegung.
Die Noten werden nach einer Punkteskala von 1 bis 10 vergeben, wobei 1 die schlechteste und 10 demzufolge die beste Note ist. Die Bedeutung der Noten im einzelnen:

1 = völlig unbrauchbar
2 = nicht zuchttauglich
3 = ungenügend
4 = erhebliche Mängel

5 = mangelhaft
6 = ausreichend
7 = ziemlich gut
8 = gut
9 = sehr gut
10 = vollendet

Die erreichten Ergebnisse werden auf dem Eintragungsschein (Abstammungsnachweis) der Stuten vermerkt.
Bei der Bonitierung stellen die Größe und die Abstammung die Voraussetzung für die Eintragung in die einzelnen Abteilungen des Stutbuches dar. Unter dem Oberbegriff Stutbuch versteht man zum ersten das Vorbuch, zum zweiten das Stutbuch und zum dritten das Hauptstutbuch.

Hauptstutbuch
In das Hauptstutbuch können dreijährige und ältere Stuten aufgenommen werden, sofern sie den Qualitätsanforderungen genügen und für sie ein Abstammungsnachweis vorliegt. Der Vater der Stuten muß in das Hengstbuch des Holsteiner Verbandes eingetragen sein, oder aber es ist ein dem Hengstbuch des Holsteiner Verbandes gleichberechtigtes »Zeugnis« vorzuzeigen. Von der Mutter der Stuten wird verlangt, daß sie von ihren Vorfahren zumindest für drei aufeinanderfolgende Generationen Nachweise im Stutbuch erbringen kann.
Stuten, die in das Hauptstutbuch eingetragen werden sollen, müssen im Alter von drei Jahren ein Stockmaß von 160 Zentimetern erreicht haben. Ältere Stuten müssen noch 2 Zentimeter größer sein. Die bei der Bonitierung festgelegte Mindestpunktzahl für die Eintragung in das Hauptstutbuch beträgt 40 Punkte. In dieser Punktzahl inbegriffen sind 6 notwendige Punkte für den Typ, ohne die die Stute keine Aufnahme in diese Abteilung des Stutbuches findet. Wenn äußerst qualitätsvolle Stuten eine Punktzahl von 45 oder mehr erhalten, können sie sich um eine Staatsprämie bewerben. Eine zusätzliche »Hürde«, um eine Staatsprämie zu bekommen, besteht jedoch in dem Mindeststockmaß von 162 Zentimetern für dreijährige Stuten und weiteren zwei Zentimetern für vier- bis fünfjährige. Außerdem müssen die zur Staatsprämiierung vorgesehenen Stuten mindestens fünf im Stutbuch erfaßte Generationen nachweisen. Zudem ist vorgeschrieben, daß die Stuten im Jahr der Prämienvergabe gedeckt worden sind und in den beiden folgenden Jahren einem in das Hengstbuch des Holsteiner Verbandes eingetragenen Hengst zugeführt werden. Die Vergabe der Staatsprämien findet einmal im Jahr statt und wird auf dem Gelände der Reit- und Fahrschule in Elmshorn auf der Verbandsstutenschau vorgenommen. An dieser Stelle werden die

Stuten je nach ihren Geburtsdaten in Klassen eingeteilt und von einem unabhängigen Richterkollegium mit 1. und 2. Preisen ausgezeichnet. Die Erstplazierten aller Klassen treten dann erneut miteinander in Konkurrenz, um den absoluten Sieger zu bestimmen.
Die Funktion dieser Prämien, die vom Land Schleswig-Holstein zur Verfügung gestellt werden, besteht darin, die herausragenden Produkte an den Einsatz in der Zucht zu binden. Diese ausgezeichneten Stuten sind vorrangig dazu geeignet, in den folgenden Jahren hochwertige Hengst- und Stutfohlen hervorzubringen. Die auf der Schau erreichte Prämiierung wird im Abstammungsnachweis fixiert. Die Stuten erhalten als äußeres Zeichen ihres Erfolges auf der linken Halsseite einen Brand in Form eines Dreiecks (△).

Stutbuch
In das Stutbuch – als Unterabteilung des Gesamtstutbuches – werden die dreijährigen und älteren Stuten eingetragen, die die geforderten Mindestleistungen für das Hauptstutbuch nicht erfüllt haben. Aber sie müssen hinsichtlich ihrer Abstammung, ihrer Größe und ihres Exterieurs ebenfalls bestimmten Ansprüchen genügen:
Der Vater muß in das Hengstbuch des Holsteiner Verbandes oder in ein gleichwertiges, anerkanntes Hengstbuch eingetragen sein. Die Mutter muß mindestens zwei aufeinanderfolgende Generationen im Holsteiner Stutbuch oder einer anderen vom Holsteiner Verband akzeptierten Züchtervereinigung vorweisen können. Für die Eintragung in das Stutbuch ist bei den dreijährigen Stuten ein Mindeststockmaß von 158 Zentimetern, bei den älteren ein Mindeststockmaß von 160 Zentimetern erforderlich. Bei der Bonitierung gilt es, wenigstens 35 Punkte zu erreichen. Dreijährige Stuten, die bei der Eintragung aufgrund von Krankheit oder anderen Umständen die für das Hauptstutbuch festgesetzte Größe und Bonitierungsnote nicht erlangen, können, wenn ihre Abstammung den Anforderungen gemäß ist, im Alter von fünf Jahren zum zweiten Mal vorgestellt werden. Werden nun die vorerst 35 notwendigen Punkte errungen, bedeutet das die Aufnahme in das Stutbuch; wird sogar ein Stockmaß von 162 Zentimetern und eine Beurteilung von mindestens 40 Punkten erlangt, werden diese Stuten noch in das Hauptstutbuch umgestuft.

Vorbuch
In das Vorbuch können Stuten eingetragen werden, für die die Aufnahme in eine der anderen Abteilungen wegen ihrer Abstammung, ihrer Größe und ihres Exterieurs nicht zulässig ist. Eingetragen werden Stuten, auf die eine der vier hier beschriebenen Voraussetzungen zutrifft:

1. Stuten mit einem Abstammungsnachweis des Holsteiner Verbandes, die aus Krankheits- oder Aufzuchtgründen nicht das ihrem Alter entsprechende Maß für die Eintragung in das Stut- bzw. Hauptstutbuch erreichen. Diese Stuten müssen jedoch so qualitätsvoll sein, daß bei der Bonitierung mindestens 40 Punkte vergeben werden können. Wenn die weiblichen Nachkommen dieser Stuten durch die Qualität ihrer übrigen Vorfahren die Erwartung zulassen, daß sie genügend Leistung weitervererben, dann dürfen diese wieder in das Stutbuch aufgenommen werden. Dabei ist natürlich Bedingung, daß sie die bereits genannten Anforderungen erfüllen.
2. Stuten, für die ebenfalls der Abstammungsnachweis des Holsteiner Verbandes vorliegt, die jedoch nicht die erforderliche Mindestanzahl von 35 Punkten für die Aufnahme in das Stutbuch erreichen. Bei diesen Stuten ist es wünschenswert, daß sie nicht in der Zucht eingesetzt werden. Denn hier ist die Gefahr zu groß, daß über die Nachkommen die negativen Exterieurmerkmale weitergegeben und verbreitet werden.
3. Stuten, für die der Holsteiner Verband eine Geburtsbescheinigung ausgestellt hat. Diese Geburtsbescheinigung erhält ein Fohlen dann, wenn lediglich ein Elternteil in das Hengst- bzw. Stutbuch eingetragen worden ist. Bei diesen Stuten liegt aufgrund des einen bekannten Elternteils die Vermutung nahe, daß sie wertvolles Erbgut weitergeben. Sie können in das Vorbuch eingetragen werden, wenn sie ihrem Exterieur und ihrer Größe nach hauptstutbuchfähig sind. Töchter dieser Stuten werden wiederum unter den gleichen Bedingungen in das Vorbuch aufgenommen, und erst deren weibliche Nachkommenschaft entspricht abstammungsmäßig den Anforderungen des Stutbuches.
4. Stuten, die keinen Abstammungsnachweis haben. Diese Pferde müssen in ihrer Qualität und Größe dem Vergleich mit Staatsprämienstuten gewachsen sein, nur in dem Fall ist eine dem Zuchtziel angemessene Vererbung zu erwarten. Die folgende weibliche Generation darf ebenfalls nur ins Vorbuch eingetragen werden, erst die Nachkommen dieser Generation haben die Chance, ins Stutbuch Einlaß zu finden.

Stuten, die aus dem Ausland importiert wurden, sind grundsätzlich eintragungsfähig. Die Mindestanforderungen entsprechen denen einer Staatsprämienstute. Wird eine im Ausland gezogene Stute in das Stutbuch aufgenommen, werden die in ihrem Abstammungsnachweis angegebenen Vorfahren übernommen und registriert.

Stutbuchführung und EDV

Die erste moderne Stutbuchführung begann mit der Eröffnung des »General Stud Book« in England im Jahre 1793.
Die Stutbuchführung für das Holsteiner Pferd geht bis auf das Jahr 1876 zurück, als der Ökonomierat Georg Ahsbahs mit der Herausgabe des ersten Stammregisters der Pferde im Pferdezuchtverein der Kremper Marsch begann. Mit Hilfe der privaten Aufzeichnungen der Züchter gelang es ihm, die Abstammung vieler der in diesem Register enthaltenen Stuten bis zum Anfang des 19. Jahrhunderts zurückzuverfolgen und festzuhalten. Die damals angelegte Stutbuchführung ist bis in die siebziger Jahre unseres Jahrhunderts in dieser Weise fortgesetzt worden. Dann waren der plötzliche Anstieg der Pferdehaltung und der Pferdezucht und die Verteuerung der Arbeitskräfte Anlaß und Ursache für eine umfassende Reorganisation dieser Einrichtungen. Damit hatte auch in der Pferdezucht die Stunde des Einsatzes der elektronischen Datenverarbeitung geschlagen. Als erster Zuchtverband im Bundesgebiet begann Holstein mit der recht schwierigen Umstellung. Alle an diesem Projekt beteiligten Mitarbeiter – sowohl im Stutbuchbüro des Verbandes wie auch in der Datenanlage des Landeskontrollverbandes – mußten völliges Neuland betreten. Es sollten computergerechte Abstammungsnachweise entwickelt werden; sämtliche Daten der eingetragenen Pferde waren zu verschlüsseln, und schließlich galt es, eine möglichst einfache und kostengünstige Art der Datenverarbeitung zu finden. In den vorangegangenen Jahren waren mit Hilfe der Deutschen Reiterlichen Vereinigung bereits Schlüsselzahlen für die Rassen, die Verbände, für Farbe und Abzeichen erarbeitet worden. Das Ziel dieser Zusammenarbeit war die bundesweite Verwendbarkeit der aufgenommenen und gespeicherten Daten. Anfang des Jahres 1972 wurde dann die elektronische Datenverarbeitung im Holsteiner Verband eingeführt, alle seit 1947 in den Stutbüchern registrierten Pferde wurden aufgenommen. Wie sich jedoch bald herausstellte, reichte der Zeitraum, der 24 Jahre umfaßte, für einen vollständig ausgestellten Fohlenschein für Nachkommen der aktiv im Zuchteinsatz stehenden Stuten nicht aus.
Durch die lange Einsatzmöglichkeit der Stuten in der Zucht liegt in vielen Fällen zwischen dem Geburtsjahr der Großmutter und dem der Enkelin eine Zeitspanne von dreißig Jahren. Bei der Angabe von drei Generationen auf dem Abstammungsnachweis der Fohlen müssen aus diesem Grund oft viel ältere Stuten notiert werden. Die älteste in der EDV geführte Stute ist Theke 24261 aus dem Stamm 1866, geboren

1921 in der Seestermüher Marsch. Sie ist die Urgroßmutter des heute noch sehr aktiven Hengstes Farnese 3804.
Für die Hengste reicht dieser Zeitraum bei weitem nicht aus. Zur lückenlosen Pedigree-Erstellung ist es notwendig, deren Vorfahren bis ins 19. Jahrhundert zurückzuverfolgen. – Bei der Aufnahme 1972 wurden die Daten von über 16 000 eingetragenen Stuten und Hengsten erfaßt und auf Datenträgern gespeichert. Dabei mußten vielschichtige Probleme bewältigt werden. Die Rassen der Vorfahren waren zu bestimmen, obgleich diese in manchen Fällen recht differenziert waren. Weiter sollten Farbe, Abzeichen und besonders die Daten über Exterieurbewertungen, über züchterische und sportliche Leistungen der Stuten und Hengste festgehalten werden.
Ebenfalls 1972 wurden erstmalig die Abstammungsnachweise für die in dem Jahr geborenen Fohlen durch die Datenanlage ausgestellt. Während dieser Arbeit wurde sehr deutlich, welche Mühe bis zum störungsfreien Einsatz der Datenanlage noch erforderlich werden würde. Zahlreiche Schwierigkeiten konnten erst bei diesem ersten praktischen Versuch erkannt werden. Nach einer weiteren Überprüfung aller gespeicherter Daten lag Mitte 1973 dann endlich das fertige Programm vor. Nun sollte sich die durch die EDV erwartete Arbeitserleichterung bestätigen.
Die Erwartungen gegenüber der EDV richten sich nämlich außer auf die automatische Ausstellung der Abstammungsnachweise vorwiegend auf die statistische Auswertung der gesammelten und gespeicherten Daten.
Tatsächlich ist die Ermittlung der Bewertung der einzelnen Hengstnachkommen ohne großen Aufwand möglich; Stut- und Hengstbücher und Fohlenverzeichnisse können geschrieben, Schaukataloge und vollständige Angaben der Abstammungen und Leistungen ausgedruckt und Zählungen für die jährlich neu zu erstellenden Statistiken durchgeführt werden.
Seit der Grunddatenerfassung von 1972 sind in den folgenden Jahren bis 1980 bereits 10 600 Fohlen mit Abstammung, Farbe, Abzeichen und Bewertung, sowie 4000 Stuten mit allen vorhandenen Angaben aufgenommen worden. Da ungefähr 2600 Stuten schon als Fohlen elektronisch gespeichert wurden, also 1972 oder später geboren worden sind, beträgt die Zahl der zusätzlich zu den am Anfang aufgenommenen Zuchtpferde etwa 11 600. Insgesamt sind demzufolge die Daten von mehr als 27 000 Holsteiner Pferden gespeichert worden und stehen für Auswertungen zur Verfügung.
Diese Daten auch für wissenschaftliche Forschungsarbeiten zu nutzen, ist eine Variante der EDV, die sich in neuester Zeit abzuzeichnen beginnt. Populationsgenetische Untersuchungen der Tragezeit von Stuten unter besonderer Berücksichtigung von Umwelteinflüssen, Untersuchungen der Farbvererbung oder der Vererbung von Exterieurmerkmalen sind erste Themen, die in Angriff genommen werden sollen.

Registrierung und Aufnahme der Stuten und Fohlen

Die Registrierung der Fohlen erfolgt im Grunde schon bei der Bedeckung der Stuten. Auf der Station werden die Daten der Stute wie: Name, Eintragungsnummer, Alter und Farbe registriert und in die Deckliste des betroffenen Hengstes eingetragen.
Der Stutenbesitzer erhält von dem jeweiligen Hengsthalter eine Deckkarte, auf der der Name und die Nummer der Stute, Name und Nummer des Hengstes und alle Deckdaten vermerkt sind. Diese Deckkarte wird gleichfalls als Geburtsmeldung verwendet. Auch Verfohlungen, fehlende Trächtigkeit oder Resorption werden auf der Deckkarte festgehalten und an die Geschäftsstelle weitergegeben. Aus diesen Daten können Befruchtungsziffer, Zahl der Verfohlungen und Anomalien im Verlauf der Trächtigkeitszeit errechnet werden.
Im Regelfall meldet der Stutenbesitzer mit dieser Karte jedoch die Geburt des Fohlens. Die Fohlenmeldung muß innerhalb von vier Wochen nach der Geburt bei der Geschäftsstelle des Zuchtverbandes eingehen. Angegeben werden: Geburtstag des Fohlens, Geschlecht, Farbe und Abzeichen.
Der Stutenbesitzer bekommt daraufhin eine Bestätigungskarte, die beim Brennen der Fohlen vorzulegen ist. In der Geschäftsstelle wird anhand der Meldung die Tragezeit überprüft. Bei unnormaler Überschreitung der Regeltragezeit von elf Monaten wird der Stutenbesitzer aufgefordert, die Abstammung des Fohlens durch eine Blutgruppenuntersuchung klären zu lassen. Die Blutgruppenuntersuchung wird auch dann erforderlich, wenn die Geburt eines Fohlens zu spät gemeldet wird oder die Mutter des Fohlens in einer Rosse von zwei Hengsten gedeckt wurde. Stimmen Geburtsdatum und Bedeckung überein, so werden für die Registrierung und das Brennen der Fohlen im Sommer Belege vorgefertigt, die alle Angaben der Züchter über das Fohlen enthalten. Bis Juni werden die Meldungen der Fohlengeburten und Stuteneintragungen gesammelt und dann, nach Körbezirken, Geschlecht der Fohlen und Alter der Stuten geordnet, zu einem Katalog zusammengestellt, der den Kommissionen als Prämiierungsunterlage dient. Fast 1000 Exemplare werden jährlich an interessierte Züchter und Besucher verkauft. Auf den Brennplätzen werden die Angaben auf den oben genannten Belegen mit den Fohlen verglichen. An dieser Stelle werden zusätzlich die fortlaufenden Brennummern und das Datum der Vorstellung eingetragen. Diese Aufnahmebelege der Fohlen werden zur Verarbeitung an die Datenzentrale des Kontrollverbandes weitergeleitet. Die Stuten, die zum Eintragen in das Stutbuch angemeldet worden sind, werden unter Vorlage ihres Abstammungsnachweises der Kommission vorgestellt. Die bei der Vorstellung ermittelten Daten und der ausge-

wählte Name werden auf einem speziellen Formular notiert und gleichfalls an die Datenanlage gegeben.

Etwa fünf Wochen nach dem letzten Eintragungstermin werden die Abstammungsnachweise für die Fohlen und die Abstammungs- und Eintragungsnachweise für die Stuten gedruckt und an die Besitzer geschickt. Jeder Abstammungsnachweis, der die Geschäftsstelle verläßt, geht per Einschreiben an die Eigentümer, um Verluste von vornherein auszuschließen.

Bevor die Abstammungsnachweise in Druck gehen, müssen sie verschiedene Kontrollgänge der Datenanlage und die sehr genaue Korrekturlesung durchlaufen. Ist der Abstammungsnachweis erst einmal gedruckt, soll der Besitzer ihn auch ohne jede Verbesserung erhalten. Nur die in dieser Urkunde genauestens angegebene Beschreibung des Pferdes in Zusammenhang mit der Brennummer bietet die Gewähr, daß keine Verwechslungen vorkommen können. Die Gestaltung der Urkunde und das hierfür verwendete Material machen Veränderungsversuche nahezu unmöglich.

Der Abstammungsnachweis enthält folgende Daten:

- Deckdatum
- Geburtsdatum
- Fohlenprämiierungen (sofern vorhanden)
- Geschlecht
- Farbe
- Abzeichen
- Lebensnummer, bestehend aus neun Ziffern

  Beispiel:

  21 000 01 78 = Lebensnummer

  21 = Schlüsselzahl in der Lebensnummer des Holsteiner Verbandes

  000 01 = fortlaufende Nummer, wobei die beiden letzten Ziffern die Brennummer angeben.

  78 = Geburtsjahrgang des Pferdes
- Züchter
- Besitzer
- Abstammung des Pferdes über drei Generationen
- Informationen über Eltern und Großeltern der Pferde hinsichtlich abgeleisteter Prüfungen, Prämiierungen, Größe, Farbe, Bonitierung und Eintragungsjahr

Zusätzlich enthalten die Abstammungsnachweise der Stuten die eigenen Angaben über die Maße, die Bonitierung und ihren Namen. Die für den Druck der Abstammungsnachweise gesammelten Daten werden einmal im Jahr im Gestütbuch veröffentlicht.

Die Hengsthaltung

Der Hengsthaltung, das heißt ihrer konsequenten Handhabung, kommt eine nicht hoch genug einzuschätzende Bedeutung zu. Das Bereitstellen der Beschäler, die züchterisch günstige Verteilung und insbesondere die Qualität der Hengste bilden die fundamentalen Bausteine der Zucht und bestimmen somit ihren Erfolg oder Mißerfolg.

Seit seiner Gründung hat sich der Holsteiner Verband für eine Verbandshengsthaltung entschieden. Schon in den Pferdezuchtvereinen, die im 19. Jahrhundert in den Marschen an der Westküste bestanden, wurde die Haltung besonders bewährter Vererber durch Hengsthaltungsgenossenschaften gefördert. Der Hengstbestand, der sich im Besitz der Mitglieder eines Verbandes befindet, ist für alle ihm angehörenden Züchter zugänglich.

Das im Jahr 1872 ins Leben gerufene Landgestüt Traventhal versorgte zu der Zeit lediglich die Gebiete der Geest und des östlichen Hügellandes. Hier kamen die verschiedenen Rassen – Hannoveraner, Trakehner, Oldenburger – zum Einsatz. Die Züchter in den Marschen hatten sich der Zucht des Holsteiner Pferdes verschrieben. Ausschließlich ausgewählte Hengste mit ausgesuchter Abstammung fanden Verwendung, Anerkennung und Bedeutung in ihrer Zucht. Einige Hengste des Englischen Vollblutes und des Yorkshire Coach Horse, herausragende Vertreter ihrer Rasse, wurden zur Veredelung und Verbesserung besonders bevorzugter Eigenschaften eingesetzt. 1905 konnte der Verband bereits achtzig holsteinisch gezogene Beschäler vorweisen.

Die wirtschaftliche Notlage nach dem Ersten Weltkrieg bereitete jener ersten Verbandshengsthaltung erhebliche Schwierigkeiten. Gezwungenermaßen mußten diese Hengste daher 1927 an das Landgestüt Traventhal abgegeben werden. Zum ersten Mal kam das Gestüt damit für die gesamte Produktion von Holsteiner Pferden in Schleswig-Holstein auf. Bis dahin hatten im Gestüt beinahe nur Hannoveraner Hengste gestanden. Aber dadurch, daß auf den Körungen besonders gute Holsteiner Junghengste vorgestellt wurden, verschob sich der Schwerpunkt allmählich zugunsten dieser Rasse. 1935 schlossen sich die Verbände der Marsch und der Geest zum Verband des Holsteiner Pferdes zusammen. Mit diesem Schritt konnten in allen Gebieten des Landes einheitliche züchterische Zielvorstellungen geschaffen werden, und die Position des Holsteiner Pferdes verbesserte sich zusehends. Bis zur Auflösung

des Traventhaler Hengstdepots belieferte dieses jetzt zusammen mit privaten Hengsthaltern die Züchter mit qualitätsvollen Vererbern.
Das Gestüt Traventhal wurde 1960 aufgelöst. In den landwirtschaftlichen Betrieben war die Pferdehaltung sehr zurückgegangen, und das Land Schleswig-Holstein erkannte die Notwendigkeit des Gestüts nicht mehr an. Daraufhin waren sich die Züchter des Holsteiner Verbandes einig, daß von diesem Zeitpunkt an nur noch eine wiederaufgenommene Verbandshengsthaltung die Zucht des Holsteiner Pferdes aufrechterhalten konnte. Die Folge dieser Einsicht war es dann, daß der Holsteiner Verband bei der Versteigerung, bei der keiner der Züchter aktiv teilnahm, dreißig Holsteiner und drei Vollbluthengste für den Einsatzpreis erwerben konnte. Seitdem ist die Verbandsleitung des Holsteiner Pferdes bestrebt, den Bestand qualitativ zu steigern.
Die Entwicklung des Hengstbestandes steht in ständiger Wechselbeziehung zu den Anforderungen des Marktes. Die wirtschaftlichen Veränderungen verlangten Ende der fünfziger und Anfang der sechziger Jahre eine schnelle und grundlegende Anpassung an die neue Situation. An Stelle der zahlreichen Arbeits- und wenigen Sportpferde richtete sich die Nachfrage nun verstärkt auf Freizeit- und Sportpferde.
Die im vorangegangenen Jahrhundert gewonnene Bedeutung Englischer Vollbluthengste für die Entwicklung des Holsteiner Pferdes sollte durch weiteren Einsatz bestätigt werden. Namen wie Anblick xx und Cottage Son xx leiten diese Epoche der Holsteiner Zucht ein. Gemeinsam mit dem Anglo-Araber Ramzes entwickelten sie sich zu Hengstlinienbegründern. Ramzes brachte neben seinen in der Zucht verwendeten Nachkommen viele erfolgreiche Sportpferde hervor, die vor allem im Springsport zur absoluten Spitzenklasse gehörten. Retina, Romanus und Rocca sind bis heute unvergessene Namen. Die Nachfahren Anblicks zeigten großes Talent für die Dressur. Arcadius, Antoinette und das Olympiapferd Venetia unter Josef Neckermann brachten dies klar zum Ausdruck. Auch Cottage Son produzierte erfolgreiche Dressur- und Springpferde, besonders bemerkenswert ist jedoch sein Einfluß in der Zucht. Diesen Hengsten folgten zahlreiche Vertreter des Englischen Vollbluts. Ein größerer Anteil dieser Vatertiere blieb allerdings ohne sichtbare Auswirkungen auf die Holsteiner Zucht.
Es bleiben aber noch zwei Hengste zu nennen, die sich durch andauernde Erfolge hervortun: Ladykiller xx und Marlon xx. Seit 1965 bzw. 1966 geben sie ganz ausgezeichnetes Erbgut weiter. Die große Anzahl der aus ihrer Nachkommenschaft hervorgegangenen gekörten Söhne und eingetragenen Töchter stellen diese Tatsache unter Beweis. Von Ladykiller gibt es 31 gekörte Hengste und 120 eingetragene Stuten; von Marlon sind 21 gekörte Söhne und 159 eingetragene Stuten registriert.
Ebenso wie bei Anblick xx und Ramzes AA verteilen sich die Veranlagungen der

Ladykiller- und der Marlon-Nachkommen auf die verschiedenen reitsportlichen Disziplinen. Während Ladykiller großartige Fähigkeiten für den Springsport weitervererbt, gibt Marlon vorherrschend gutes Material für den Dressur- und Vielseitigkeitssport weiter.
Nach dem teilweise zu intensiven Einsatz von Vollbluthengsten war eine Konsolidierungsphase dringend notwendig. Der Prozentsatz der hochwertigen Holsteiner Blutlinie im vorhandenen Zuchtmaterial wurde immer geringer. Doch die sprichwörtlichen Tugenden des Holsteiners – einwandfreier Charakter, ausgeglichenes Temperament und vielseitige Verwendbarkeit – sollten gefestigt werden.
Seit 1970 hatten der Vorstand und die Geschäftsleitung dieses Ziel stetig vor Augen. Das Umsetzen der Theorie in die Praxis erfolgte bereits mit dem Einsatz der Hengste Ramiro (von Raimond – Ramzes AA) und Colt (von Cromwell – Cottage Son xx; mütterlicherseits Anblick xx – Loretto) Ende der sechziger Jahre. Ab 1970 fanden Hengste mit Vollblutvorfahren in der zweiten Generation verstärkte Beachtung. Zudem gelang es, rein holsteinisch gezogene Hengste für die Zucht bereitzustellen.
Flamberg (von Fanfar aus der Salmei, Mutter des Weltklasse-Dressurpferdes Granat) und Fasolt-Nachkommen der Achill-Linie gewannen wieder größeres Interesse bei den Züchtern. Seit 1974 konnte auch Farnese – Vater von Fasolt –, der mehrere Jahre außerhalb von Schleswig-Holstein deckte, erneut im Verbandsgebiet eingesetzt werden. Eine große Anzahl hervorragender Halbblüter steht gegenwärtig neben den rein gezogenen Holsteinern für die Produktion von Zucht- und Sportpferden von oberster Qualität zur Verfügung. Der heute auf 67 Hengste angewachsene Bestand im Verbandsdepot und die alljährlich zur Körung vorgestellten Junghengste bieten für die qualitativ gute Auslese eine umfassende Auswahl. Durch die permanente Überprüfung der Nachkommen und der eigenen Leistung der Hengste wird der Zuchtwert getestet.
Um in der relativ kleinen Population der Holsteiner Pferde eine größere Selektionsbreite zu erreichen, wurden 1971 erstmalig Hengste anglonormännischer Blutführung zu Zuchtversuchen ausgewählt. Die Hengste Urioso und Cor de la Bryère – ausgesucht nach Eigenleistung und Fähigkeiten ihrer Vorfahren – wurden zu diesem Zweck gekauft bzw. angepachtet. Cor de la Bryère, ein Sohn des französischen Vollblüters Rantzau xx aus einer Stute von Lurioso (Furioso) ist schon durch 21 Söhne zum Hengstlinienbegründer avanciert. Großrahmigkeit, überdurchschnittliche Rittigkeit, enormes Springvermögen und einwandfreier Charakter zeichnen seine Nachkommen aus. Seit 1976 werden die Hengste Bandolero und Silbersee, seit 1977 Baccarat in verhaltener Weise in der Zucht eingesetzt. Diese Hengste, die einige Jahre in der Zucht gewirkt haben, sind ebenfalls anglonormännisch gezogen. Zur weiteren Unter-

suchung ihrer eigenen Veranlagung und der ihrer Nachkommenschaft werden sie seit 1979 auf sportlicher Ebene geprüft.
In bezug auf ihre Anforderungen an das Zuchtmaterial besann sich die Verbandsleitung seit 1970 auf die traditionellen, wertvollen Eigenschaften des Holsteiner Pferdes. Die auf den Hengstkörungen vorgestellten Zuchtergebnisse beweisen, daß hiermit ein geeignetes Ziel angestrebt wird. Dazu ist zu bemerken, daß diese Zielvorstellung erst von den Züchtern des Holsteiner Verbands anerkannt werden mußte, um das heutige Zuchtresultat überhaupt zu ermöglichen. Hengste wie Flamingo von Fasolt und Fernando von Farnese zeugen von züchterischem Fingerspitzengefühl.
In unserer Zeit wird die hohe Wertschätzung des Holsteiner Pferdes durch die Erfolge der Absatzveranstaltungen in Neumünster und die Vermarktung über das verbandseigene Zentrum in Elmshorn wieder sehr deutlich.

Selektionsstufen für Stuten und Hengste

Für die Zukunft jeder Art von Pferdepopulation ist es von entscheidender Bedeutung, daß die geeignetsten Modelle aus der Zucht zum Einsatz kommen und so die Entwicklung positiv bestimmen.
Während der Aufstockung des Stutenbestandes von 1969 bis 1973 wurde dieses Verfahren vernachlässigt. Durch die große Nachfrage nach Reitpferden für alle Sparten des Pferdesports sahen sich die Züchter häufiger zu kritikloser Auswahl der Stuten veranlaßt. Heute besteht der Nachwuchs aus soliden, wertvollen Pferden, da wieder der hohe Qualitätsmaßstab in den Vordergrund gerückt ist. Die Züchter richten sich jetzt nach dem sich selbst auferlegten Zuchtprogramm; die relativ kleine Zuchtpopulation in Holstein ist in wenigen Jahren – besonders durch die Einsicht und das Qualitätsdenken der Züchter – erneut zu einem homogenen Ganzen geworden.
Der Holsteiner Verband schreibt für die Eintragung der Spitzenauswahl seiner Pferde in das Hengst- bzw. Stutbuch mindestens drei Selektionsstufen vor. Diese Selektionsmaßnahmen haben die Beurteilung des Exterieurs und die Auswertung der wertvollen, aus der Abstammung hervorgehenden Blutlinien zum Inhalt.

Selektionsstufen für die Stuten

Die erste Bewertung erfolgt bei den weiblichen Saugfohlen im Jahr ihrer Geburt. Wie schon beschrieben, werden die Fohlen dann mit der Mutter zusammen zur Prämiierung vorgestellt und beurteilt.
Die zweite Selektion findet im Alter von zwei Jahren statt. Während der im Sommer durchgeführten Bereisung werden die Stuten auf den Sammelplätzen zur Beurteilung vorgestellt. Bei der Bewertung werden folgende Kriterien berücksichtigt:

- Abstammung
- Größe
- Exterieur
- Korrektheit } des Ganges
- Schwung } des Ganges

Abb. 27. Stutenschauen sind eine wichtige Selektionshilfe.

Stuten, die eine deutlich über dem Durchschnitt liegende Qualität vorweisen können, das sind etwa 20 % der vorgestellten Zweijährigen, werden für die in jedem Herbst in Elmshorn veranstaltete Elitestutenschau ausgewählt. Diese Stuten müssen ihrer Abstammung nach mindestens hauptstutbuchfähig sein. Das Stockmaß sollte wenigstens 158 bis 160 Zentimeter betragen. Für die Eliteschau werden die Stuten je nach ihrem Geburtsdatum in Klassen eingeteilt. In jeder Klasse konkurrieren ungefähr zehn Stuten miteinander um Sieg und Plätze. Die an erster Stelle plazierten Stuten jeder einzelnen Klasse können dann erneut gegeneinander antreten, um den Gesamtsieger der Schau zu ermitteln.

Die Prämiierung und Rangierung auf dieser Schau wird von einer unabhängigen Kommission vorgenommen. Der Kommission gehören neben dem Geschäftsführer der Abteilung Zucht zwei Pferdekenner an, die nach Möglichkeit bei der Auswahl der Stuten für diese Schau nicht teilgenommen haben. Mit dieser Zusammensetzung wird bezweckt, ein weitgehend unvoreingenommenes Urteil zu finden.

Auf dieser Veranstaltung haben die Züchter Gelegenheit, ihre Pferde mit denen anderer Züchter zu vergleichen und sich auf diesem Wege einen angemessenen Maßstab anzueignen. Weitere Information bietet die von einem Mitglied der Prämiierungskommission vorgetragene Kritik.
Die dritte Selektionsstufe für die Stuten ist mit der Vorstellung für die Eintragung in das dreiteilige Gesamtstutbuch identisch. Das Eintragungsverfahren wurde an anderer Stelle bereits ausführlich erläutert (s.S. 80 ff.).
Mit dieser im Zuchtprogramm vorgesehenen Selektion ist die kritische Beurteilung des weiblichen Zuchtmaterials jedoch noch nicht abgeschlossen. Die Qualität der Nachkommen und die eigene Leistungsfähigkeit, die oft außer im Zuchteinsatz auch auf Turnieren ermittelt werden, entscheidet über den realen Zuchtwert der Stuten.

Selektionsstufen für die Hengste

Wie bei den Stutfohlen erfolgt die erste Selektion der Hengste bei der Fohlenprämiierung (s.S. 77 f.) Die hierbei herausgestellten Hengstfohlen werden von den Züchtern und Hengstaufzüchtern für ihre Vorstellung zur Körung im Alter von zweieinhalb Jahren vorbereitet.
Haben die Hengste ein Alter von eineinhalb Jahren erreicht, erfolgt die zweite Musterung. Sie wird von den beiden Geschäftsführern des Verbandes und dem Vorsitzenden der Hengsteintragungskommission durchgeführt. Erfahrungsgemäß werden von den 120 angemeldeten Junghengsten etwa dreißig Hengste prämiiert. Beurteilt werden:

- Abstammung
- Korrektheit } des Ganges
- Schwung } des Ganges
- Exterieur
- Entwicklungsstand

Bei der Bewertung der Abstammung wird zum einen die Erfüllung der Forderung zur Eintragung in das Hengstbuch einbezogen, zum anderen müssen aber auch die Eigenleistung und die Vererbung der Vorfahren besonders beachtet werden. Die zweite Selektionsstufe dient den Hengstaufzüchtern als Informationsquelle. Hengste, die ihrem Entwicklungsstand nach nicht für die Körung in Frage kommen, können aus der sehr intensiven und recht teuren Aufzucht herausgenommen und für ihre spätere Ver-

wendung als Reitpferd ausgebildet werden. Für den Verband ergibt sich aus dieser zweiten Betrachtung der Hengstfohlen ein Bild über die Anzahl und Qualität der im folgenden Jahr zu erwartenden jungen Hengste für das Hengstdepot.
Als dritte Selektionsstufe dient die im Tierzuchtgesetz vorgeschriebene Körung der zweijährigen Hengste. Die von der vorher bezeichneten Körkommission begutachteten Hengste erhalten hier die für ihre weitere Laufbahn ausschlaggebende Einstufung.
Die gekörten Hengste werden als Beschäler im Hengstdepot des Verbandes oder bei den Einzelhengsthaltern stationiert. Aber ein Teil der gekörten Hengste wird für den Zuchteinsatz in andere Bundesländer oder ins Ausland verkauft, wobei die Niederlande dabei besonders erwähnt werden müssen. Hengste, die nicht gekört werden konnten, werden größtenteils als Reitpferde auf der Auktion verkauft, die im Anschluß an die Körung stattfindet. Die für diese Pferde erzielten Preise waren in den letzten Jahren ausgesprochen beeindruckend. Sie sichern den Hengstaufzüchtern immer noch die Abdeckung der Unkosten, die bei der Aufzucht entstanden sind.
Der Selektionsvorgang, der den drei beschriebenen Selektionsstufen noch nachfolgt, kommt durch die Ergebnisse der Eigenleistung und die Qualität der Nachzucht zustande.
Damit einem Hengst eine Beschälbox auf Dauer zusteht, müssen mehrere Voraussetzungen erfüllt werden. Er muß überragende eigene Leistungen, sehr gute Nachkommen und ein einwandfreies Exterieur und Fundament vorweisen.

Prüfungsverfahren

Die Prüfungsverfahren bestehen aus den Eigenleistungsprüfungen für Stuten und Hengste.
Für Stuten erfolgt sie bisher auf freiwilliger Basis. Hierfür bietet die Reit- und Fahrschule Elmshorn seit 1977 einen dreiwöchigen Test an, und auf Turnierveranstaltungen gibt es in der Leistungsprüfungsordnung (LPO) der Deutschen Reiterlichen Vereinigung (FN) reglementierte Prüfungen für Zuchtstuten.
Zu dem dreiwöchigen Test werden vornehmlich die Stuten herangezogen, die als Zweijährige ihrem Exterieur und ihrer Abstammung nach als künftige Staatsprämienstuten in Frage kommen. Die Tests wurden von Fritz Thiedemann aufgebaut und durchgeführt. Seine langjährige Erfahrung im Hochleistungssport und in der Remontenausbildung geben die Garantie für eine individuelle Beurteilung jeder einzelnen Stute.
Die von der LPO entworfene Zuchtstutenprüfung sieht die Ermittlung von Mindestleistungen (300 m Schritt; 750 m Trab; 1500 m Galopp in jeweils 3 Minuten), eine Exterieurbewertung und die Beurteilung der Reiteigenschaften vor. Erfahrene Turnierrichter nehmen die Prüfung ab. Die Qualifikation haben die Richter in Prüfungen und Lehrgängen der FN und der Landeskommission erworben.
Viele Stuten werden sowohl in der Zucht wie auch im Turniersport eingesetzt. Die dort erreichten Ergebnisse geben gleichfalls Auskunft über Vermögen und Willigkeit der Stuten für alle Sparten des Reitsports.
Die für die Zucht vorgesehenen Holsteiner Hengste durchlaufen zwei Prüfungszeiten. Der erste Durchgang beginnt unmittelbar nach der Körung. Die Hengste werden in der Reit- und Fahrschule in Elmshorn zusammengeholt, wo die Pferde eingeritten und weiterhin tierärztlich überwacht werden. Außergewöhnlich wichtig ist die Beurteilung des Charakters und des Temperamentes sowie der Leistungsbereitschaft und des Leistungsvermögens. Den Abschluß dieses Tests bildet eine Prüfung auf Rittigkeit, Vermögen im Freispringen und eine Beurteilung an der Hand.
Die zweite Prüfungszeit fangen die Hengste im Alter von etwa dreieinhalb Jahren an. Am 1. August eines jeden Jahres beziehen diese Hengste ihre Plätze in den Prüfungsanstalten von Adelheidsdorf oder Medingen.
Die Trainingszeit beträgt dreieinhalb Monate und gleich anschließend finden die Prüfungen statt. Die Durchführung erfolgt nach Erkenntnissen, die durch sorgfältige

Auswertung der Ergebnisse vieler Prüfungsdurchgänge erlangt worden sind. Während der hunderttägigen Trainingszeit werden von dem Trainingsleiter die Wertnoten ermittelt für:

- Temperament
- Charakter
- Konstitution
- Futteraufnahme
- Futterverwertung
- Arbeitswilligkeit
- Rittigkeit
- Manier während der Arbeit
- Springanlage
- allgemeine Leistungsfähigkeit

Aus diesen Einzelnoten entsteht dann die Trainingsnote, die mit fünfzig Prozent Gewicht in die Endnote mit eingeht.

In der Trainingszeit kommen Spitzenreiter aus Spring-, Dressur- und Vielseitigkeitssport, um die Hengste auf Rittigkeit und Springvermögen im Freispringen zu testen. Die Noten, die in diesem Trainingsteil erlangt werden, gehen bisher nicht in die Endnote ein. Zur Zeit dienen sie noch dazu, um statistische Werte zu gewinnen. Wenn festgestellt worden ist, wie groß der Einfluß dieser Note auf das Ergebnis der Leistungsprüfung ist, soll sie mit einem entsprechenden Koeffizienten in das Endresultat einfließen. Aufgrund der neuesten Erkenntnisse sollen ab 1980 diese Werte bei der Endnote berücksichtigt werden.

Die Abschlußprüfung dauert zwei Tage. Die Hengste werden von unabhängigen Richtern beurteilt, da diese die Ergebnisse der Trainingszeit nicht erfahren. Zudem geben die Richter ihre Urteilssprüche wiederum unabhängig voneinander ab. Aus dem Mittelwert dieser jeweils drei Noten werden dann schließlich die Endergebnisse errechnet.

Die Prüfung gliedert sich in folgende Abschnitte:

1. Messen der Schritt- und Trittlänge (die hier ermittelten Werte dienen nur statistischen Zwecken, sie werden in der Endnote nicht berücksichtigt)
2. Erfüllung der Mindestleistung (300 m Schritt; 750 m Trab; 1000 m Galopp)
3. Bewertung der Grundgangarten unter dem Reiter
4. Bewertung der Springanlage unter dem Reiter
5. Bewertung der Reiteigenschaften
6. Geländeprüfung mit Rennbahnstrecke

Folgende Noten sind im Endergebnis enthalten:
1. die Mindestleistungen
2. Galoppsprungweite
3. Stilnote im Gelände
4. Note für Reitqualität
5. Trainingsnote

Die für das Bestehen der Prüfung vorgeschriebene Mindestpunktzahl ist im Tierzuchtgesetz und entsprechenden Durchführungsverordnungen festgelegt. Ausgangspunkt ist hierbei der aus den Noten der Prüfungsgruppen errechnete Mittelwert. Die Prüfung ist mit Erfolg absolviert, wenn die Endnote um nicht mehr als 1,5 Standardeinheiten unter dem Mittelwert der jeweiligen Prüfungsgruppe liegt.
Als Alternative hat das Tierzuchtgesetz vom 1. 1. 1977 zu diesem Prüfungsverfahren die Eigenleistungsprüfung für Hengste im Turniersport geplant. Die Prüfung gilt als bestanden, wenn der Hengst mindestens fünf Plazierungen an erster bis dritter Stelle in Dressur- oder Springprüfungen der Klasse S oder drei Plazierungen an erster bis fünfter Stelle in Vielseitigkeitsprüfungen dieser Klasse oder der Klasse M errungen hat.

Zusammenarbeit mit dem Turniersport

Daß die Zucht der Holsteiner Pferde die Funktion hat, Reitpferde für alle Bereiche des Turniersports zu produzieren, ist bereits gesagt worden. Um die eingesetzten Zuchthengste mit ihrer Nachkommenschaft einer stetigen, intensiven Kontrolle unterziehen zu können, unterhält der Holsteiner Verband einen Turnierstall und stellt Spitzensportlern aller Reitsportarten geeignete Pferde zur Verfügung, damit diese im Turniersport geprüft werden. Der Turnierstall ist vor allem durch Fritz Thiedemann nach dem Zweiten Weltkrieg populär geworden. Er brachte von allen Turnierplätzen der Welt mit Holsteiner Pferden Siege mit nach Hause. An dieser Stelle sei an Pferde

Abb. 28. Lord von Ladykiller xx

wie Retina, Godewind und ganz besonders an Meteor erinnert. Die Reihe der Erfolge wurde dann von Kurt Jarasinski fortgesetzt. Mit Torro von Freischärler war er Mitglied der Goldmedaillenmannschaft auf der Olympiade in Tokio 1964; 1966 gewann er mit diesem Pferd das Hamburger Springderby.
Heute gibt es in Elmshorn ein Lot von Vielseitigkeitspferden, die durch die Erfolge von Herbert Blöcker mit seinem Pferd Albrant – Vizeeuropameister, Mitglied der Silbermedaillenmannschaft von Montreal, mehrfacher Deutscher Meister – den Ruf der vielseitig zu verwendenden Holsteiner Pferde in der ganzen Welt verbreitet haben. Neben dem eigenen Turnierstall werden Hengste des Holsteiner Verbandes bei anderen Reitern im Sport eingesetzt. Die Hengste leisten nach der Körung zunächst die gesetzliche Eigenleistungsprüfungen ab und müssen dann einige Jahre in der Zucht wirken. Um danach die weitere eigene Leistungsveranlagung der Hengste zu prüfen und die Entwicklung ihrer Nachkommen zu beobachten, werden die Hengste über längere Zeit der Zucht vorenthalten. Aber nicht nur die erfolgreichen Eigenleistungen der Hengste sind für den späteren Wiedereinsatz in der Zucht ausschlaggebend, sondern ihr Wert für die Zucht muß sich aus ihren Nachkommen ergeben. Diese werden auf die Entwicklung ihres Exterieurs und ihrer Leistungsveranlagung hin begutachtet.
Bei dem Einsatz der Hengste muß immer von erfolgreichen »Vererbern«, also von ihrer Funktion als Vatertiere, und nicht vom eigenen Triumph im Sport die Rede sein. Als Beispiel ist der Hengst Lord von Ladykiller zu nennen. Zunächst zwei Jahre in der Zucht eingesetzt, zeigte er sein eigenes Können unter Herbert Blöcker im Vielseitigkeitssport. Obwohl er in diesen beiden Deckzeiten nur eine geringe Anzahl von Stuten deckte, erreichten viele seiner Nachkommen bereits sechsjährig eine Spitzenstellung im Springsport. Sein Sohn Livius stieg 1978 unter Peter Luther mit mehreren S-Siegen und dem Gewinn zweier schwerer Springen in Berlin gegen internationale Gegner in die Elite auf. Lord gehört gegenwärtig zu den begehrtesten Beschälern des Holsteiner Verbandes.
Weiter im Sport eingesetzte und geprüfte Hengste sind zur Zeit Marmor von Marengo sowie Montevideo von Marlon xx in der Dressur; Fra Diavolo von Frivol xx, Constant und Calypso II von Cor de la Bryère im Springen sowie Lago Maggiore von Landgraf im Vielseitigkeitssport.

Die Reit- und Fahrschule Elmshorn

Die Erkenntnis, daß eine Pferdezucht nur dann florieren kann, wenn für den entsprechenden Absatz der erzeugten Produkte gesorgt wird, ist für jeden Menschen einzusehen. Auf welchen Wegen dies geschieht, muß von Fall zu Fall unter Berücksichtigung der besonderen lokalen Verhältnisse entschieden werden. Schleswig-Holstein als marktfernes Land bezogen auf die Hauptabsatzgebiete mußte sich etwas einfallen lassen, um den Bauern bei der Vermarktung der Produkte zu helfen.
Die Haustierhaltung ist in Schleswig-Holstein sehr ausgeprägt, und die Beziehungen zu England im vorigen Jahrhundert mit dem Beginn der Industrialisierung schaffte Märkte für Rindfleisch, das an der Westküste mit der in England entstandenen Short-

Abb. 29. Die Reit- und Fahrschule Elmshorn mit Turnierplatz, Rennbahn und Hengstdepot (weißes Gebäude hinten rechts)

horn-Rasse erzeugt wurde. Auch die Butterproduktion auf den Gutsmeiereien und später in den Genossenschaften trug dazu bei, die schleswig-holsteinische Tierhaltung über die Grenzen des Landes hinaus bekannt zu machen. Ähnliche Gedanken für die Vermarktung griffen auch in der Pferdezucht um sich. Die Gründung des Hengsthaltungsvereins »Holsatia« und anschließend des Verbandes der Pferdezüchter in den holsteinischen Marschen als Genossenschaft verfolgte zunächst den Zweck der eigenen Vatertierhaltung und Überwachung der Aufzucht. Aus diesen Anfängen heraus entwickelte die Verbandsleitung, an der Spitze Georg Ahsbahs, die Idee, für die Züchter des Verbandes eine zentrale Vermarktungsstelle zu schaffen, um die Mitglieder von den Händlern unabhängig zu machen und zu ermöglichen, daß ihre zum Verkauf bestimmten Pferde unmittelbar an den Verbraucher abgesetzt werden konnten.

Es gelang im Jahre 1894 gegen großen Widerstand vieler Verbandsmitglieder, die eine finanzielle Misere des Verbandes befürchteten, die Reit- und Fahrschule Elmshorn zu bauen, die bereits kurze Zeit nach ihrer Errichtung zur zentralen Schaltstelle des gesamten Verbandes wurde. Die auch heute noch modernen Ideen aus dieser Zeit haben das Unternehmen in Elmshorn durch alle Höhen und Tiefen der letzten 80 Jahre getragen. Nach wie vor ist die Reit- und Fahrschule Elmshorn auf das engste mit dem Holsteiner Pferd verknüpft.

Die großzügigen Stallungen boten schon damals Platz für 100 Pferde. Hinzu kam eine Reithalle in den Abmessungen 20 x 40 m und ein 10 ha großes Freigelände mit Turnierplatz und Rennbahn. Außer der Vermarktung von Pferden diente die Schule der Ausbildung der jungen bäuerlichen Züchter in Reiten, Fahren, Pferdepflege und -fütterung, kurz allem, was mit Pferdezucht, -sport und -haltung zu tun hat. In einem Geschäftsgebäude mit Dienstwohnung wurde das Stutbuchbüro untergebracht, so daß in einmalig umfassender Form für die Zucht, Vermarktung und für die Ausbildung von Mensch und Pferd eine Stätte geschaffen wurde, deren Ruf in Schleswig-Holstein und weit darüber hinaus vorzüglich war.

Es soll nicht vergessen werden, daß der kleine Stamm der Züchter in privater Initiative ohne fremde Hilfe diese Institution schaffen konnte, die bis heute vorbildlich ihren Zweck erfüllt, wenn auch die Aufgaben noch vielfältiger geworden sind. Die Weitsicht der Züchter von damals trug schon bald reiche Früchte. In den ersten 60 Jahren haben rund 5 000 Schüler aus Deutschland und aus dem Ausland Elmshorn als Ausbildungsstätte besucht. Die Zusammenfassung von Ausbildung, Vermarktung, Hengsthaltung und Turnierstall gibt der Verbandsleitung eine Schlüsselstellung, um für das Holsteiner Pferd in Form der Dienstleistung und Werbung nutzbringend tätig zu sein.

Die Ausbildungsstätte

Namhafte Hippologen, Organisatoren und große Sportler haben in Elmshorn gewirkt und der Reit- und Fahrschule ihren Stempel aufgedrückt. Aus der Reihe dieser bekannten Persönlichkeiten seien einige genannt, die hier für viele andere stehen mögen.
Von 1926 bis 1935 leitete Hans Fellgiebel die Schule und machte sich zunächst als Fahrer geschmackvoller Holsteiner Karossiers auf allen Turnierplätzen Deutschlands einen Namen. Später wurde er ein Entdecker talentierter Springreiter wie Axel Holst und Günther Temme, die von Elmshorn mit den vorher schon erwähnten Springpferden Egly, Bianca und Nordland versorgt wurden. In Zusammenarbeit mit Max Heidenreich gelang es ihm auch, den Holsteiner als hervorragendes Jagdpferd bekannt zu machen.
Von 1949 bis 1961 prägte Fritz Thiedemann eine ganze Epoche des Elmshorner Stalls. Durch ihn wurde der Holsteiner als Springpferd weltberühmt. 5 Siege im Flottbeker Springderby – 1950 Loretto, 1951 Meteor, 1954 Diamant, 1958 Finale und 1959 Retina – sind bisher ungeschlagen. An drei Olympiaden nahm Fritz Thiedemann teil und errang insgesamt 4 Medaillen. Auf der Olympiade in Helsinki 1952 gelang es ihm in bisher einmaliger Weise, nicht nur im Springen erfolgreich zu sein, sondern gleichzeitig in der Dressur eine Medaille mit nach Hause zu nehmen.
Sein Nachfolger als Springreiter wurde Kurt Jarasinski, jedoch in einer Zeit, als das große Reservoir an Springpferden durch die starke Schrumpfung des Stutenbestandes verlorenging. Zweimal war er Springderbysieger und holte auf der Olympiade 1964 in Tokio eine Goldmedaille in der Mannschaftswertung nach Deutschland.
Seit 1968 ist Elmshorn mit dem Namen Herbert Blöcker eng verbunden. Dieser Bauernsohn aus dem Gebiet um Bordesholm erschloß mit viel Talent und Fleiß für den Holsteiner ein neues Feld. Getreu dem modernen Zuchtziel entdeckte er die Holsteiner Pferde für das Vielseitigkeitsreiten. Seine Erfolge als Vizeeuropameister in Kiew 1973, als Deutscher Meister 1975, Gewinner der Silbermedaille in der Mannschaftswertung auf der Olympiade in Montreal 1976 und der Bronzemedaille in der Weltmeisterschaft in Lexington 1978 beweisen sein großes Format in dieser schwierigen reiterlichen Disziplin. Neben seinen Meisterschaftspferden Albrant und Milano stehen zur Zeit im Elmshorner Stall eine Reihe hochtalentierter Nachwuchspferde, die auf ihren sportlichen Einsatz vorbereitet werden. In den letzten Jahren war es neben Herbert Blöcker der Dressurreiter Peter Mohr, der mit seinem großen Talent Marmor von Marengo in kurzer Zeit in den Spitzensport vordringen konnte.

Das Vermarktungszentrum

Verkauf und Vermittlung von Holsteiner Pferden für jeden Zweck war ein Leitgedanke der Gründer der Reit- und Fahrschule. Diese Aufgabe hat das Institut in Elmshorn bis auf den heutigen Tag erfüllt.
Von seiner Gründung im Jahre 1894 bis zum Verkauf der Verbandshengste 1927 beherbergte der Elmshorner Stall während der Wintermonate neben Verkaufs- und Schulpferden auch die Vatertiere des Verbandes. In der anschließenden Zeit bis 1960 war das Unternehmen völlig auf Vermarktung und Ausbildung ausgerichtet. Nach der Auflösung des Landgestüts wurde mit staatlicher Unterstützung ein neues Hengstdepot gebaut, das räumlich von der alten Reit- und Fahrschule durch den großen Turnierplatz getrennt ist. Hier überwintern die Verbandshengste und werden von August bis Februar unter dem Reiter und im Freispringen trainiert. In der Reitbahn des Hengststalles werden in jedem Frühjahr die dreijährigen Jungstuten getestet.
Im Jahre 1976, in einer Zeit größerer Expansion des Pferdemarktes, beschlossen die Züchter, die alte Reit- und Fahrschule durch einen Erweiterungsbau zu ergänzen und zu modernisieren. Es hatte sich herausgestellt, daß die Käufer mehr und mehr einen zentralen Ort mit möglichst vielen Pferden bevorzugen, um unnötige Wege zu den einzelnen Züchtern zu sparen. Die verkehrsgünstige Lage von Elmshorn – Flugplatznähe, Autobahnanschluß mit Elbtunnel bei Hamburg, S-Bahn-Anschluß zur nahen Großstadt – schaffte die erwünschten Voraussetzungen.
Für die Züchter, die auf ihren Höfen nur noch in begrenztem Umfang Gelegenheit haben, ihre Pferde fachgerecht auszubilden, wurde hierdurch eine Arbeitserleichterung geschaffen. Die relativ rohen jungen Pferde können in Elmshorn zur Ausbildung eingestellt werden, so daß der Züchter direkt Einfluß auf den Verkaufspreis ausüben kann. Die Ausbildungs- und Haltungskosten werden so niedrig wie möglich gehalten, um einen echten Service zu bieten. Eine Verkaufsprovision wird jedoch zur Finanzierung des Gesamtunternehmens erhoben. Diese zentrale Vermarktungsstelle mit ihrem im Jahre 1978 fertiggestellten Erweiterungsbau wurde zur Förderung der heimischen Pferdezucht von der EG-Kommission in Brüssel anerkannt und durch Beihilfen unterstützt. Den größten Teil, etwa 75 % der erforderlichen Mittel, stellten auch jetzt, wie schon 1894, die aktiven Mitglieder des Verbandes zur Verfügung.
Der heutige Leiter dieses Unternehmens, Maas Johannes Hell, hat von der Pike auf die Vermarktung von Pferden studiert und verwaltet dieses Institut in Elmshorn mit seinem unbezahlbaren Zucht- und Sportpferdebestand in vorbildlicher Weise. Mut zum Risiko, Talent für Werbung und ein sicheres Urteil in der Einschätzung von Pferd

und Mensch halfen ihm, den Weg zum neuen Aufblühen des Holsteiner Verbandes zu finden. Heute ist Elmshorn wieder der Ausgangspunkt für die stolzen Erfolge der Holsteiner Pferde in der jüngsten Zeit.
Seit 1971 hat sich die jährlich im Herbst veranstaltete Reitpferdeauktion, verbunden mit der Hengstkörung und einem Schauabend, einen festen Platz in der internationalen Pferdewelt erobert. Es war der Wunsch der Züchter, auch diesen Weg der Vermarktung von Pferden zu suchen, um eine Preisbörse für Leistungspferde aus Holstein zu bilden und gleichzeitig werbendes Schaufenster von Pferdezucht und -sport in Schleswig-Holstein zu sein. Von einem bescheidenen Anfang im Jahre 1971 entwickelten sich diese Auktionen zu organisatorischen Meisterstücken. In den Jahren 1976, 1977, 1978 und 1979 gelang es bei der Versteigerung in Neumünster, den jährlich höchsten Durchschnittspreis aller deutschen Veranstaltungen zu erzielen, wobei es wichtig ist, daß dieser hohe Durchschnitt erreicht wurde, ohne daß spektakuläre Einzelpreise ihn verfälschten. Mit anderen Worten, auch der Käufer von »Jedermann-Pferden« hatte Gelegenheit, zu ansprechenden Preisen ein Pferd zu erwerben.
Die Nachfrage nach jungen, nicht ausgebildeten Pferden wird dadurch gedeckt, daß die auf der Körveranstaltung der Zweieinhalbjährigen nicht gekörten Junghengste ebenfalls versteigert werden und so die Gelegenheit besteht, gut aufgezogene junge Pferde mit bester Abstammung zu günstigen Preisen anzukaufen.
Die Auktionen als Preisbarometer und richtungsweisende Verkaufsveranstaltungen spiegeln die Situation in den letzten Jahren wieder und beweisen sehr deutlich, daß Qualität von den Kaufinteressenten entsprechend honoriert wird:

Jahr	Zahl der verkauften Reitpferde	Durchschnittspreis	Zahl der verkauften Junghengste	Durchschnittspreis
1971	22	14.294,– DM	12	7.225,– DM
1972	28	12.260,– DM	22	8.295,– DM
1973	21	12.400,– DM	22	8.375,– DM
1974	19	13.000,– DM	30	8.000,– DM
1975	32	12.400,– DM	40	8.500,– DM
1976	33	17.300,– DM	34	9.000,– DM
1977	34	18.029,– DM	30	9.720,– DM
1978	38	16.300,– DM	42	13.900,– DM
1979	32	17.310,– DM	40	11.990,– DM

Außer dieser einmal im Jahr stattfindenden Großveranstaltung beteiligt sich der Verband mit seinen Zuchthengsten und Sportpferden an den Schauen auf Bundes- und Landesebene. Die speziellen Zuchtschauen, wie DLG- und Landestierschau, werden durch Schaubilder mit Elmshorner Reitern auf Holsteiner Hengsten bereichert. Die seit einigen Jahren in Essen stattfindende Pferdeschau »Equitana« wird mit attraktiven Zugnummern besetzt und mit einer ausgesuchten Kollektion verkäuflicher Pferde beschickt. Jeder Besucher dieser Pferdemesse wird sich an das Barrierenspringen mit Herbert Blöcker auf dem Ladykiller-Sohn Landgraf erinnern, der im Jahre 1975 täglich bei der großen Vorführung 2 Meter übersprang. 1977 hatte Herbert Blöcker Lord gesattelt, der seine Halbbrüder L'Amour und Leander übersprang, ein Zeichen für die Zuverlässigkeit und Ehrlichkeit des Holsteiners.
So ist die Reitschule Elmshorn mit seiner tatkräftigen Mannschaft und seinen vielen Aufgaben der Motor des Verbandes. Die Vermarktung der Pferde muß die Maßstäbe setzen, nach denen zu züchten ist. Die vorbildliche Zusammenarbeit mit der Abteilung Zucht des Verbandes, deren Geschäftsstelle in Kiel liegt, bildet den Angelpunkt des Erfolges. Zucht und Vermarktung müssen Hand in Hand arbeiten, wenn Fortschritte erzielt werden sollen. Die letzten 8 Jahre dieser Gemeinschaftsaufgabe haben bewiesen, daß die Holsteiner Pferdezucht in kurzer Zeit wieder einen hohen Stand erreicht hat.

Abb. 30. Franz Lage 1973 in Aachen mit seinem siegreichen Holsteiner Viererzug

Das Holsteiner Pferd im Sport

Wie bereits in den vorigen Kapiteln beschrieben, ist die enge Verbindung von Zucht und Sport stets ein wichtiges Anliegen des Holsteiner Verbandes gewesen. Die Zucht und Ausbildung von Leistungspferden für den Breiten- und Spitzensport aller Disziplinen kann durch die enge Zusammenarbeit zwischen Zuchtverband, Hengsthaltung, Ausbildungsstätte, Turnierstall und zentraler Vermarktung optimal durchgeführt werden. Die rege Teilnahme von Holsteiner Pferden im Turniersport gibt einen Hinweis darauf, daß die Züchter richtige Wege eingeschlagen haben, um den Reitern und Fahrern geeignete Pferde an die Hand geben zu können. Ein Maßstab für die Bedeutung eines Zuchtverbandes für den Turniersport läßt sich dadurch finden, wenn die Zahl der eingetragenen Turnierpferde mit der Zahl der eingetragenen Zuchtstuten verglichen wird. Es ist verständlich, daß die absolute Zahl steigen muß, wenn der Zuchtstutenbestand wächst, der prozentuale Anteil der Turnierpferde gibt dagegen einen Hinweis auf die Bedeutung der Turnierpferdeerzeugung. Das Zuchtgebiet Holstein ist mit einem Anteil von rund 22 % seit Jahren auch hier führend im Bundesgebiet.

Abb. 31 (oben). Emil B. Jung mit einem Holsteiner Viererzug beim Hamburger Derby

Abb. 32 (rechts). Emil Sirrenberg 1965 in Aachen mit einem seiner erfolgreichen Holsteiner Viererzüge

Fahren

Zu den traditionellen Pferdesportarten gehört in Schleswig-Holstein das Fahren. Im Wandel der Geschichte waren und sind Holsteiner Gespanne in der Spitze des nationalen und internationalen Fahrsports zu finden. Der Stil der deutschen Fahrkunst wurde zu Beginn dieses Jahrhunderts von Benno von Achenbach aufgrund englischer Vorbilder begründet. Seine Fahrlehre wurde 1923 in der Turnierordnung verbindlich vorgeschrieben. Landstallmeister Fellgiebel hat in seiner Elmshorner Zeit und mit den dort gewonnenen Erfahrungen diese Kunst des Fahrens weiter vollendet und die Holsteiner Gespanne im Turniersport der frühen dreißiger Jahre berühmt gemacht.
Diese Tradition wurde auch nach dem Kriege fortgesetzt und erlebt heute eine

Erneuerung auf privater Basis. In Elmshorn war es der Fahrlehrer Hermann Richters, der unzähligen Schülern die Grundbegriffe des Fahrens beibrachte. Namen wie Hermann Neelsen, Richard Eggers, Hermann Butz, Walter Sirrenberg und in den letzten Jahren Franz Lage, Fred und Michael Freund, sowie Emil Bernhard Jung mit ihren Holsteiner Gespannen haben dem deutschen Fahrsport zur Popularität verholfen.

Springen

Die Springveranlagung des Holsteiners ist unbestritten. Die meisten Käufer, die in Elmshorn ein Pferd erwerben wollen, interessieren sich zunächst für Springpferde, denn die Erfolge der Holsteiner in dieser Sportart blieben seit den dreißiger Jahren kontinuierlich bestehen, wenn auch die Vielzahl der Spitzenspringer aus jener Zeit,

Abb. 33 (unten). Der legendäre Meteor mit Fritz Thiedemann

Abb. 34 (rechts). Boy von Ladykiller xx, unter seinem Reiter Eddie Macken

Abb. 35. Torphy unter Hans Günter Winkler 1976 in Bromont

bedingt durch die Schrumpfung der Stutenzahlen, zurückging. Da ein Pferd etwa im Alter von 8 Jahren seine größte Leistungsfähigkeit erreicht hat, ist nach der Aufstockungsperiode erst jetzt wieder mit größeren Erfolgen im Springsport zu rechnen.

Von allen Springpferden verkörpert wohl keiner so sehr wie »Meteor« den Holsteiner Typ. Kein Pferd in Deutschland wurde so geliebt und kein Reiter so geachtet wie Fritz Thiedemann. Die Bewunderung für dieses Paar war nicht nur in Schleswig-Holstein groß, sondern in der ganzen Pferdesportwelt schlugen die Herzen höher, wenn Fritz Thiedemann mit seinem »Dicken« an den Start ging. 150 Siege in M- und S-Springen, 3 Olympiaden mit Medaillengewinnen sorgten dafür, daß Holsteiner Springpferde zu einem Markenbegriff wurden. Auf den großen Turnierplätzen der Welt, in Aachen, Rom, London, Toronto, New York, Madrid, Lissabon und vielen anderen mehr startete Meteor mit Erfolg. Der Schlüssel zu seiner Leistungsfähigkeit ist in seiner konsolidierten Abstammung zu suchen und darin, daß er von einem wirklichen Meister ausgebildet und eingesetzt wurde. In seinem Pedigree sind die Namen wiederzufinden, die in allen Abstammungen der Holsteiner Springpferde auftauchen; bei ihm sind es Tobias und Achill, Cicero und Ethelbert, die gehäuft in seiner Ahnenreihe wiederzufinden sind.

Abb. 36. Der jüngste Star unter den Holsteiner »Jumpern«: Livius von Lord unter Peter Luther, Springderbysieger 1980

UVE
etik

Meteor erzielte eine Gewinnsumme von DM 177 112,–, ein Betrag, der zu seiner aktiven Zeit, als die Geldgewinne nicht so reichlich flossen, unübertroffen war. Er gewann 2 Goldmedaillen und eine Bronzemedaille bei den Olympischen Spielen 1952, 1956 und 1960, die Europameisterschaft 1958, das Springderby 1951, den Großen Preis von Aachen 1955, den Preis von Deutschland 1960, den Siegerpreis in Rom 1953, den King-George-Cup 1954, das New Yorker Championat 1954. Eine wahrhaft einmalige Karriere eines Pferdes.

Von Meteors Triumphen bis zum heutigen Springsport mit seinen akrobatischen Spezialisten spannt sich ein weiter Bogen. Auf zahllosen Turnieren im Sommer in der grünen Saison und im Winter in der Halle stellen sich Holsteiner Springpferde im Breiten- und Spitzensport der Konkurrenz.

Wer kennt nicht Namen wie Torro und Revale unter Kurt Jarasinski, Trumpf 4 unter Hauke Schmidt, den zuverlässigen Torphy unter H.G. Winkler mit seinem letzten großen Auftritt auf der Olympiade 1976, Robin unter Fritz Ligges mit Gold in der Mannschaftswertung auf der Olympiade 1972 in München, Boy unter Eddie Macken, Springderbysieger 1978, und schließlich der jüngste Star Livius, ein Lord-Sohn, unter Peter Luther, siegreich beim Deutschlandhallenturnier in Berlin 1978 und Springderbysieger 1980. Diese Reihe läßt sich durch viele andere Namen erweitern.

Dressur

Es ist nicht verwunderlich, daß Pferde, die über große Muskelkraft und eine gute Skelettmechanik verfügen, auch im Dressursport Höchstleistungen erwarten lassen. Die Gutartigkeit und Gelehrigkeit, gepaart mit Intelligenz und Schwungkraft ist dem Holsteiner Pferd angeboren. Für den größten Teil der Liebhaber des Pferdesports ist zwar der Springsport mit seiner unmittelbaren Spannung die wichtigste Sparte, doch hat sich besonders in den letzten Jahren nach großen deutschen Erfolgen auch der Dressursport die Herzen der Zuschauer erobert. Jeder angehende Reiter macht seine ersten Erfahrungen auf dem Pferd mit Aufgaben, die aus der Dressur abzuleiten sind.

Abb. 37. Granat von Consul, unter Christine Stückelberger, das Weltspitzen-Dressurpferd der 70er Jahre. Kein nationaler und internationaler Sieg ist ihm vorenthalten geblieben.

K
62

Abb. 38. Venetia von Anblick xx: Die größten ihrer zahlreichen Erfolge unter Dr. Josef Neckermann waren die Bronzemedaille in der Einzelwertung und die Silbermedaille in der Mannschaftswertung bei der Olympiade 1972 in München.

Es ist aus diesem Grund verständlich, daß die Hohe Schule des Pferdesports in den Kreisen der Reiterei als Krönung angesprochen wird.
Holsteiner wie Waldfee, Aar, Arcadius, Antoinette, Venetia und Episode haben bewiesen, daß die Pferde aus dem Land zwischen den Meeren auch für Dressuraufgaben in höchster Vollendung geeignet sind. Doch am bekanntesten von allen wurde Granat unter Christine Stückelberger aus der Schweiz, der in den letzten 10 Jahren zum erfolgreichsten Dressurpferd der Welt wurde. Granat ist ein Sohn von Consul, dessen Vater Cottage Son xx ein bedeutender Veredlerhengst war. Consuls Mutter Isolde geht über Gabriel – Logarithmus auf den Lord-Zweig der Ethelbert-Linie zurück. Diese Stute

war selbst ein bekanntes Pferd aus dem Fahrsport. Granats Mutter Salmei war eine Tochter von Heißsporn, der über Heintze zum Weidmann-Stamm der Ethelbert-Linie führt. Die Großmutter Hyazinthe ist eine Lorentin-Tochter, ebenfalls auf Lord – Ethelbert zurückgehend, genauso wie die Urgroßmutter Priamel, eine Tochter des Hengstes Nordlicht, der über Nordhäuser dem Lord-Elegant-Zweig angehört. Die Abstammung läßt eine sehr enge Verwandtschaftspaarung erkennen, da der größte Teil der im Pedigree erscheinenden Hengste in Ethelbert ihren Stammvater haben. Granats Gesamteindruck ist mächtig mit ausdrucksvollem Gesicht, schön geschwungener Halsung, muskulöser Vorhand und langer Kruppe. Das starke Fundament mit den kräftigen Gelenken zeigt eine günstige Hebelwirkung. Schulterfreiheit und Hankenbiegung geben Granat viel Schub und Schwung für die Schwierigkeiten einer Grand-Prix-Aufgabe mit Traversalen, Passagen und Piaffen. In sicherer Manier konnte Christine Stückelberger mit diesem Pferd Welt- und Europameisterschaften sowie die Goldmedaille in der Einzelwertung auf der Olympiade in Montreal 1976 gewinnen.

Abb. 39. Ladalco von Ladykiller xx, hier unter Helmut Rethemeier auf dem Weg zur Bronzemedaille bei der Weltmeisterschaft 1978 in Lexington – ein großer, unter schwersten Bedingungen gegen die Weltelite errungener Erfolg

Vielseitigkeit

Der für die Holsteiner Pferdezucht jüngste Zweig im Pferdesport ist die Vielseitigkeitsreiterei. Lene Nissen-Lembke, Karl Schultz, Helmut Rethemeyer, Michael Spethmann und nicht zuletzt Herbert Blöcker sorgten dafür, daß moderne Mehrzwecksportpferde aus Holstein zu Ruhm und Ehren kamen. Ihnen ist es auch zu verdanken, daß dieser Sport immer mehr Anhänger findet und dazu führt, daß ganze Völkerwanderungen sich zu den berühmten Plätzen der »Buschreiter« auf den Weg machen, um diesen Sport des Nervenkitzels mitzuerleben. Pferde wie Nadina,

Abb. 40. Madrigal von Marlon xx errang unter Karl Schultz die Bronzemedaille in der Einzelwertung und Silber in der Mannschaft bei der olympischen Military 1976 in Bromont.

Madrigal, Milano, Pergola, Lancer, Lorbas und Ladalco mögen hier für viele andere stehen.
Military-Pferde haben wegen ihrer großen Beanspruchung meistens keine große Lebensdauer. Nur wenige sind es, die über lange Jahre das Format und die Nervenstärke aufbringen, um diese schwierigen Prüfungen zu überstehen. Zu diesen Ausnahmen gehört zweifellos Albrant, der unter seinem Reiter Herbert Blöcker eines der zuverlässigsten Pferde der deutschen Military-Auswahlmannschaft wurde. Der Lebensweg dieses Pferdes ist so wechselvoll wie die jüngsten Zeiten in der Pferdezucht. Geboren wurde er 1962 in der Haseldorfer Marsch und trat schon in Kinder-

Abb. 41. Albrant von Aldato, geb. 1962 – eine große Pferdepersönlichkeit und eine Ausnahmeerscheinung im Military-Sport. Unter seinem Reiter Herbert Blöcker führte er mit seiner sprichwörtlich gewordenen Zuverlässigkeit die Holsteiner in den großen, internationalen Vielseitigkeitssport ein. Seine bedeutendsten Erfolge: Vizeeuropameisterschaft in Kiew 1973 und Silbermedaille mit der Mannschaft in Bromont 1976.

tagen mit seiner Mutter Hirtin den Weg zu Baron von Nagel nach Vornholz im Münsterland an. Dort wurde er aufgezogen und in Elmshorn zur Körung vorgestellt. Da er als Zuchthengst geeignet war, wirkte er kurze Zeit auf den Stationen Siethwende und Groß Buchwald. Außerdem gehörte er dem Vierspänner des Elmshorner Hengstdepots an und nahm am Hamburger Fahrderby teil. Anschließend wurde er nicht mehr zur Zucht benutzt und kam als Wallach in die Hand von Herbert Blöcker, von dem er, ähnlich wie Meteor von Fritz Thiedemann, erst spät für seine Laufbahn im Reitsport vorbereitet wurde. In seiner Abstammung sind wie bei Granat die wertvollsten alten Holsteiner Blutströme von Ethelbert und Achill gekoppelt mit der Eleganz, der Härte und dem Siegeswillen des Vollblüters Anblick xx. Zu Höhepunkten seines sportlichen Weges zählen die Vizeeuropameisterschaft in Kiew 1973 und die Silbermedaille in der Mannschaftswertung auf der Olympiade in Bromont, Kanada, 1976. Auch in vielen anderen Meisterschaften, wie Luhmühlen, Siekkrug und Burghley waren Herbert Blöcker und Albrant vertreten und verhalfen der deutschen Mannschaft zu Medaillen.

Holsteiner Pferde in aller Welt

Über die Verbreitung des Holsteiners als Zucht- und Gebrauchspferd ist in den vorangegangenen Kapiteln schon vieles gesagt worden. In den vorigen Jahrhunderten war der Ruf des Holsteiners als Karossier und schweres Reitpferd so gut, daß er in Deutschland, Europa und in Übersee große Verbreitung fand. Auch der Einfluß, den die Zuchtpferde aus Holstein ausübten, sollte nicht vergessen werden. Züchter aus vielen Ländern ließen sich von den großen sportlichen Erfolgen leiten und verlangten für ihre eigenen Zuchten den Einsatz von Hengsten aus Holstein. Diese Gedanken machten auch vor staatlichen Organen, wie den Gestütsverwaltungen, nicht halt und verhalfen so dem Holsteiner Pferd zur allgemeinen Anerkennung.

Züchterischer Einfluß in Deutschland

Die Gründung der Landgestüte in Hessen, Hannover und Westfalen ist sehr eng mit dem Holsteiner Pferd verknüpft. Die Landgestüte Dillenburg, Celle und Münster (später Warendorf) wurden in ihrer Anfangsphase mit Hengsten aus Holstein besetzt. Diese Zeit liegt jedoch so weit zurück, daß es heute nur noch eine interessante Erinnerung ist. Viel wichtiger ist die heutige Zeit mit der Berücksichtigung moderner Ansprüche an ein großes, vielseitig begabtes Sportpferd. Die sehr genauen Marktanalysen der letzten Jahre haben bewiesen, daß Größe gefragt ist. Seit Jahren hat sich daher der Holsteiner Verband in seinem Zuchtprogramm die Aufgabe gesetzt, neben allen anderen Qualitäten besonders auf die Größe zu achten. Mindestmaße bei der Körung von Hengsten und Eintragung der Stuten trugen dazu bei, daß in wenigen Jahren ein Durchschnittsmaß erreicht wurde, das den Käuferwünschen Rechnung trägt. Diese Hinwendung zum großen Pferd im Warmbluttyp hat es erreicht, daß Interessenten aus Gebieten mit Pferden im knapperen Rahmen große Hengste aus Holstein suchen, so daß sich in den letzten Jahren Zuchtzentren vor allem im südwestdeutschen Raum gebildet haben, wo Holsteiner Hengste mit großem Erfolg eingesetzt werden und in kurzer Zeit in ihrer Nachzucht Spitzenprodukte hervorbrachten, die auf Schauen und Auktionen von Richtern und Käufern gleichermaßen hoch bewertet wurden. Natürlich hat es das kleine Zuchtgebiet Holstein gegenüber den großen Verbänden in Hannover und Westfalen schwer, sich durchzusetzen. Doch scheint auch hier inzwischen der Durchbruch gelungen zu sein, so daß Zuchtpferde aus Holstein auch von den übrigen deutschen Zuchten anerkannt werden. Die Nachfrage vor allem nach Hengsten ist nach wie vor rege und gibt Anlaß zu der Hoffnung, daß in Zusammenarbeit mit den Verbänden die Wünsche dieser Züchter berücksichtigt werden können.

Züchterischer Einfluß in Europa

Die Wechselbeziehungen der bedeutenden europäischen Pferdezuchten sind seit jeher sehr eng gewesen. Früher wurden sie von den Herrscherhäusern getragen, zunächst durch Gastgeschenke, wie sie auch heute noch üblich sind, wie beim Staatsbesuch der englischen Königin im Frühjahr 1978, als ihr von der Bundesrepublik Deutschland ein Pferd aus Holstein für den königlichen Marstall zum Geschenk gemacht wurde. Die Beziehungen im Mittelalter mit der Einfuhr andalusischer und neapolitanischer Hengste nach Holstein oder der Ankauf von Coach- und Vollbluthengsten aus England im vorigen Jahrhundert und in jüngster Zeit haben der heimischen Pferdezucht viele Impulse gegeben.
In gleicher Weise wirkte der umgekehrte Weg mit der Ausfuhr von holsteinischen Stuten und Hengsten in andere europäische Länder. Die drei wichtigsten Länder sind Dänemark, die Schweiz und die Niederlande. In Dänemark hat sich im ehemaligen Nordschleswig – dem Raum zwischen der deutschen Grenze und der Linie von Hadersleben nach Ribe – eine Züchtervereinigung zusammengefunden, die in kleinem Umfang nach den Richtlinien und nach dem System der Holsteiner Pferdezucht arbeitet. Es wurde eine Verbandshengsthaltung aufgebaut, die Stutbuchführung einschließlich der Musterung von Stuten und Fohlen wurde nach der gleichen Ordnung durchgeführt, lediglich die Vermarktung wird von den Züchtern selbst geregelt. Eine eigene Hengstaufzucht gibt es bisher nicht. Erforderlicher Nachwuchs wird in Holstein angekauft.
Das Staatsgestüt Avanches und verschiedene Pferdezuchtgenossenschaften aus der Schweiz haben von Jahr zu Jahr Zuchthengste in Holstein erworben. Der Verkauf von Sportpferden in die Schweiz ist jedoch ungleich wichtiger. Erfreulich ist, daß der zuletzt an das Staatsgestüt gelieferte Hengst Calando II von Cor de la Bryère aus der

Furgund von Colombo – Herwin – Freischärler Sieger der Hengstleistungsprüfung wurde. Sehr weitgehende und langdauernde Kontakte bestehen mit den Niederlanden. Van de Veen hat in der Zeitschrift »In de Strengen« ausführlich darüber berichtet und festgestellt, daß Holsteiner Zuchtpferde maßgeblich an der Umformung und Neuorientierung der holländischen Pferdezucht beteiligt sind. Bereits Ende des vorigen Jahrhunderts begründete der Hengst Cicero II, ein Sohn von Cicero aus der Mutter des Hengstes Achill 585, eine Blutlinie, die mit dem Gelderländer Domburg 13 G.P.S. in den Jahren zwischen den Weltkriegen große Verbreitung fand. Sein Sohn Baronet und sein Enkel Graaf van Wittensteen trugen im wesentlichen dazu bei, diese Linie zum Träger des Cicero-Blutes zu machen.
Die Stute Morgenster von Gabriel aus der Banka von Lorentin ist eine Vollschwester der Stute Isolde, die Mutter des Hengstes Consul und damit Großmutter des Dressurpferdes Granat ist. Diese Stute hat über ihren Sohn Sineada 1412 N.W.P. nach dem Zweiten Weltkrieg auf die Groninger Zucht großen Einfluß ausgeübt.
16 Söhne von ihm wurden gekört, die den Zuchtbezirk Friesland zum dominierenden Gebiet innerhalb der niederländischen Warmblutzucht machten. In den folgenden Jahren beschränkte sich der Import im wesentlichen auf Zuchthengste aus Holstein. Hierzu zählen die Hengste Normann von Heidelberg, Amor von Herrscher, Polaris und Porter von Polarfürst, der Springpferdevererber Rigoletto von Ramzes, dessen Tochter Santa Monica unter Alwin Schockemöhle besonders bekannt wurde. In Zucht und Springsport wurde der Consul-Sohn Joost bekannt, der 1970 von Holland angekauft wurde, und die Sable Skintflint xx-Söhne Komeet, Kompas, Makelaar und Nassau. Von den niederländischen Ankaufskommissionen sind in den letzten Jahren die Nachkommen von Vollbluthengsten sehr geschätzt, darunter die Ladykiller-Söhne Heidelberg und Lorenz mit seinem Sohn Rubinstein und der von Marlon xx abstammende Kommandeur. Besonders erfolgreich für die Holsteiner Hengste war der Siegerpreis der Körung 1977 in Utrecht für den Hengst President von Tumbled xx und der gleiche Preis im Jahre 1977 bei der Körung in Zuidlaren für den Ritter-Sohn Plesman. Auch in den Jahren 1978 und 1979 wurden mehrere Hengste nach Holland verkauft.
Außer mit diesen westeuropäischen Ländern bestanden in den sechziger Jahren Verkaufskontakte mit der Sowjetunion. Seit einiger Zeit ist auch eine beachtliche Zahl von Stuten und Hengsten nach Ungarn für die Staatsgestüte Bábolna und Mezöhegyes verkauft worden. Hengste wie Ramzes-Junior, Aldato, Tarento und seit 1979 Malteser werden mit großem Erfolg in der ungarischen Pferdezucht eingesetzt. Hinzu kommen eine Anzahl von Zuchtstuten im Erhaltertyp.

Züchterischer Einfluß in Übersee

Der Erwerb Holsteiner Pferde von Käufern außereuropäischer Länder war zunächst ebenfalls nur auf die Karossiers ausgerichtet. Die berühmten Schimmelgespanne des Schahs von Persien oder das Gespann des nordamerikanischen Schaufahrers Seabrook mögen hier für viele andere stehen. Doch in den letzten 8 Jahren sind drei Nachzuchtgebiete entstanden, die zu engeren Verbindungen führten. In Australien wurde mit dem Fax-Sohn Flaneur, geboren 1963, das Interesse für Holsteiner Pferde geweckt. In der Folgezeit erwarben vor allem deutschstämmige Einwohner des fünften Kontinents eine Reihe von Zuchtstuten und Hengsten, darunter den bedeutenden Waterman-Sohn Wildfeuer. Sie gründeten einen Zuchtverband, der sich eng an die Vereinigung der Züchter Deutscher Warmblutpferde anschloß.

1971 erwarb eine staatliche Ankaufskommission aus Argentinien 3 Zuchthengste und 20 Zuchtstuten, die dort im Mittelwesten des großen Landes eine eigenständige Zucht aufbauen und die einheimischen Pferde verbessern sollen. Hierzu gehörte der Fanfar-Sohn Flamberg, ein Halbbruder von Granat, der Raimond-Sohn Rhadames und der Marinus-Sohn Metellus. Alle drei Hengste standen im Typ des modernen Erhalters.

Die um die Jahrhundertwende nach den berühmten Weltausstellungen in Chicago und St. Louis angeknüpften Verbindungen zu den USA wurden in den letzten Jahren wieder erneuert. Die Olympiade in Montreal mit den Erfolgen von Granat, Torphy, Madrigal und Albrant gaben den Anlaß zur Gründung einer eigenen Züchtervereinigung. Inzwischen hat der bekannte Fahrer Emil Bernhard Jung in der Nähe von Washington eine Farm erworben mit dem Ziel, dort Pferde nach Holsteiner Muster zu züchten. Neben einigen Stuten sind es die Hengste Fasolt von Farnese und Laredo von Ladykiller xx, die diese Zucht aufbauen sollen.

Nachwort

Mit den Bestrebungen, Nachzuchtgebiete zu schaffen, ist es gelungen, den Namen Holstein wieder in der gesamten Pferdewelt bekannt zu machen. Der Weg durch die Jahrhunderte hat zu Höhen und Tiefen geführt, doch erlebte dieses Pferd besonderer Art immer wieder Blütezeiten, die der Eigenwilligkeit und Beständigkeit der Züchter, ihrem Mut zum Risiko und ihrem Willen zur Einheit zu verdanken sind. Die Zukunftsaussichten für das Holsteiner Pferd können daher durchaus im rosigen Licht gesehen werden. Nach der Umformung in der Veredelungsphase beginnt jetzt mit Hilfe der alten durchgezüchteten Stutenstämme auf den Bauernhöfen im ganzen Land Schleswig-Holstein die Konsolidierung zu greifen. Die sportlichen Erfolge Holsteiner Leistungspferde auf allen Turnierplätzen legen davon Zeugnis ab, daß die heutige Zuchtkonzeption und das Ineinandergreifen von Hengsthaltung, Ausbildung, Vermarktung und Sport zu neuen wichtigen Impulsen für die Weiterentwicklung des Holsteiner Pferdes führt. Diesem Gedanken zu dienen, unter Beibehaltung der Eigenständigkeit, ist eine reizvolle Aufgabe, die mithelfen soll, das zu erhalten, was seit Jahrhunderten den Namen des meerumschlungenen Landes berühmt gemacht hat: Das *Holsteiner Pferd.*

Literaturverzeichnis

Fischer-Fabian, S.: Die ersten Deutschen, München

Holsteiner Verband: Gestütbücher 1 bis 22 und Hengstbuch

Holsteiner Verband: Zuchtprogramm, Zuchtbuchordnung und Satzung

Rossow, D.: Hengstbuch der Holsteiner Warmblutzucht, Dissertation Hannover 1954

v. Salomon, E.: Deutschland deine Schleswig-Holsteiner, Hamburg 1971

Schwarznecker, G.: Die Pferdezucht, Berlin 1897

v. Thun-Hohenstein, Romedio Graf: Das Holsteiner Pferd, Friedberg 1977

Wrangel, Graf C.G.: Das Buch vom Pferde, Stuttgart 1908, Nachdruck Hildesheim 1975

Zeitschrift: Pferdezucht und -sport in Schleswig-Holstein und Hamburg

Register der Pferdenamen